さらば！忖度社会

崖っぷちニッポン改造論

泉 房穂
Fusaho Izumi

はじめに

空前の株価高騰だの地価の高騰だのと騒がれていますが、一般市民にとっては物価だけが上がって生活は苦しくなるばかり。世の中のムードと生活実感の乖離《かいり》は広がる一方です。消費税も社会保障費もどんどん上がり続けて、ついに収入の5割近くにまで負担が膨らんでしまいました(令和5年度「国民負担率」は46・1%)。それならば手厚い福祉国家となってもおかしくないのですが、政府の基本姿勢は相変わらず、「自助ファースト」です。

さらには、「新NISAで老後の資産形成を」なんていうことを、市民に呼びかける始末。自分の老後は自力でなんとかせい、自己責任でやれ、という話でしょう。そのようなことしか言えない政治家なんていらん、と思いませんか。日々の暮らしにカツカツで、新NISAで積み立てる余裕も投資する余裕もどこにもありませんよ、という状況の人たちも含めて、誰もが安心して暮らしていけるような社会をつくることこそが、政治の本来の役割でしょう。

どうしてこの国はこんなに冷たいのだろう。どうして日本はこれほどの停滞が続いているのだろう。10年前には時給が500円程度だった韓国も、あっという間に日本を追い抜いていきました。まるで、この国だけ時間が止まっているかのようです。

一体なぜなのかというと、政治がまともに機能していない国だから——。そこに尽きるのではないでしょうか。バブル崩壊後、政策の大きな方針転換が必要だったにもかかわらず、政治決断がなされることなく、ここまでずるずると落ちてきてしまったのです。

「ものを買う側」に光を当てない政治とマスコミ

経済の回し方には、ざっくり言うと2種類あります。ものをつくる側、売る側に光を当てるものと、市民の側、つまりものを買う側に光を当てるもの。日本以外の多くの先進国は、その両方の間を行ったり来たりしながら経済を回しています。ところが、日本だけは延々と、ものをつくる側、売る側だけに光を当て続けてきました。なぜか。答えはものすごくシンプルです。ものをつくる側、売る側、つまり企業の側から政治家に（政党や政党支部を通して）「政治献金」が入るからです。だからこそ、政治家に金を流している経団連や、かつての大臣が会長職にあった人材派遣会社などが潤うような政策ばかりが推し進められてきたわけです。

自民党の裏金問題なんて、氷山の一角です。政治資金収支報告書の「記載漏れ」などと矮小化《わいしょう》して、「政倫審」なんていう、偽証罪に問われることもなく、嘘八百ついてもお咎めなしという茶番でお茶を濁そうとしていましたが、あんなことをいくらやったところで真相が解明されるわけがない。単なる「言い訳」の場を提供しているに過ぎません。

あんなものは茶番だとわかっていながら茶番だと報じない大手メディアも、言うなれば同じ穴のムジナです。企業から政治家に金がじゃぶじゃぶと流れる仕組みが日本の戦後の政治を決めてきたという肝心なところに、メスをまったく入れようとしなかった。これは結局、政治家も官僚もマスメディアも、実は同じような価値観とバックグラウンドを持った人たち、平たく言うと、エリート意識に凝り固まった、既存システムの恩恵を受け放題に受けてきた人たちの集合体にほかならないからです。表向きは、なんとなく「権力批判」をしているように見せかけているメディアも、本気で問題の根本に迫ろうとしているようには思えません。

エリート街道をまっしぐらに走ってきた彼らの多くは、人の痛みが本当のところではわからない。自分は人よりもたくさん努力をしたから今のポジションに立っているのだと錯覚し、地べたでつまずいている人たちを見ても、「頑張りが足りなかった人たちだな」というくらいにしか思っていません。自分たちがどれほどのゲタを履かせてもらい、どれだけ楽な道を歩いてきたのかという自覚がないのです。

私には、地べたに倒れている人のつらさや悔しさが痛いほどわかります。なぜなら私の人生も、何度も地べたに叩きつけられるような経験の連続だったからです。だから、逆風にさらされて再び地べたに引き倒されたとしても、痛くも痒くもありません。また起き上がればいいだけです。

四面楚歌の〝全敵状態〟だった明石市長時代

本気で社会を変えようとしたら、既存のシステムにおいて恩恵を受けてきた政官財メディアからの総攻撃に遭うことなど想定済みです。私の明石市長としての12年間は、その意味で、文字どおりの四面楚歌。本編で詳しく書きますが、市議会、市役所、兵庫県庁、マスコミと、四方をぐるりと囲まれた全敵状態でした。

その四面楚歌の私を、四方の壁の向こう側から全力で応援してくれる市民という最大の味方がいたから、私には怖いものはなかった。市民の方向を向いて政治をやれば、必ず市民が私を支持してくれるという確信がありました。事実、そのとおりでしたから、明石市は「全国初」の政策を次々と打ち出すことができたのです。

さらに言うと、私は四面楚歌という言葉が大好きです。四面楚歌になったら、

「終わりや！」ではなく、「よし、ここからが、いよいよ本番やな！」という気持ちになるのです。地面を潜って行こうか、上に飛び出そうかと考えを巡らせる。私は、ご存知のとおりしゃべる勢いや口調が強いから直情型だと誤解されやすいのですけれども、実はものすごく緻密に冷静に計算します。

明石市をどうにかして冷たい街からあたたかな街に変えてやろうと心に誓ったのが10歳の頃。その時から日々、明石のことを考え続けてきた人生でしたから、明石のことは自分が日本一、いや世界一詳しいという自負がありました。明石の経済を回し、明石に暮らす人たち全体を笑顔にする。そのために短期的・中長期的にやるべき政策があり、それらを実現させるために、どうやって人や予算を動かしていくか。徹底的に考えて考えて、考え抜いて動いてきた12年間でした。

明石市長在任中の12年間は、泉をなんとか引きずり下ろしてやろう、潰してやろうという勢力と闘い続けた12年でもありましたが、四六時中盗聴されたところで、あるいは「殺す」とか「天誅が下る」なんて脅迫されたところで、私自身は、何も怖いことなんかありませんでした。

エリート街道まっしぐらの官僚や政治家と私との大きな違いは、地獄を知っているか否か、ということでしょう。それが私の最大の強みでもあります。「俺を倒すなら、お前も道連れやで。一緒に地獄へ行こか」と。「俺は今、ちょっとこっち側に来てるけどな、昔、地獄におってん。ハイブリッドやねん。閻魔《えんま》さまなんて友だちみたいなものやから、俺は地獄の底にタッチしてもまたこっちに戻ってこられるんやけど、お前は戻ってこられる？　その覚悟があるなら、一緒に行こか」というようなものです。市民のほうを向いて政治をしている限り、怖いものはないのです。

三つの発想の転換

本編で詳しく書きますが、私が明石市長として職員たちに言い続けたことは三つの発想の転換でした。

一つは「お上意識からの脱却」。つまり、中央省庁に勝手に決めさせない、明石のことは、明石市に暮らす自分たちが一番よくわかっているのだから、自分たちでやるべきことを考えていく。見るべきは国の官僚の顔ではなく、市民の顔。

二つ目が「横並び主義からの脱却」。つまり、他の自治体がやっていないからというのは、やらない理由にはならない。見るべきは隣町ではなく、明石の街。

そして一番強く言ったのが三つ目、「前例主義からの脱却」でした。官僚は、とにかく組織の先輩に対する忖度が強い。前例を変えることは「先輩のやり方は間違っていた」と認めることに等しいので、そのようなことは絶対にやりたくない。だから、たとえ間違っていたと気づいても、なかなか修正しようとしません。しかし、前例主義から脱却しない限り、変化のスピードが速く厳しい今の時代に、市民の生活を守ることなどできません。ですから、自分の目で見て、耳で聞いて、自分の頭で考えて政策をつくってほしいと役所の職員たちに言い続けてきました。

その集大成として、私は明石市長としての3期12年間の最後の日、明石市役所を去る時の訓示でこう言いました。

「私からの最後のお願いがあります。今日、この訓示をもって、私のことはすべて忘れてください。なぜなら、前例主義からの脱却を言い続けてきた私自らが前例になど絶対になりたくないからです」と。「私の言った12年間の言葉は全部忘れてほしい。これからは新しい市長と一緒に、自分の目で見て、耳で聞いて、自分の頭で考えて新しい政策をつくっていってください。もしかしたら偶然にも私が言ったことと一致することがあって泉の顔が思い浮かんだとしても、そんなものはさっさと忘れてください。新しい市長と新しい市政をつくってもらうためにも、私からの最後のお願いは私を脱却してもらうことです」と話しました。

少しかっこつけすぎかなとも思いましたが、でも、これこそが本当に私が最後に言いたかったことでした。私は私なりにベストを尽くしましたが、しょせん私という一人の人間である以上、限界があります。関心を持っているテーマにも限りがある。私は障害者福祉や子ども政策に強い思いがありましたが、私が後任として推した現市長の丸谷聡子さんは環境問題への関心が強い。そうやって新しい発想を持つ人が次の市政を担うことで、抜けていた谷間が埋まったり新たな政策が生まれてきたりするのです。

私という前例をすっぱりと忘れてもらう。私が明石を卒業すると言ったら完全に卒業する。だから明石も完全に私を脱却してもらいたいと考えた。それが私の哲学であり理念であるからこそ、最後もそれに忠実でありたいと思ったのです。

この本は、明石市長としての12年間を含めた私の人生の闘いの記録です。私が何と闘っていたのか、なぜ闘っていたのかをお伝えすることで、この世の中で常識とされてきた風景が一変して見えてきたら、と願っています。

世の中は理不尽で満ち満ちています。でも、その理不尽は、闘って変えていくことができるのです。

泉 房穂

さらば！忖度社会　崖っぷちニッポン改造論

目次

第一章 理不尽な社会に「復讐」を誓った日

第二章 役所という伏魔殿

第三章 議会は本当に必要なのか？

第四章 国民不在のマスコミ報道

第五章 「常識」という言葉に騙されるな

第一章
理不尽な社会に「復讐」を誓った日

人生の原点は「貧困」と「差別」

すでにあちこちで話したり書いたりしてきたことではありますが、「貧困」と「差別」という、私の人生の原点となった体験については、私の政治スタンスの根幹に関わることですので、改めて書いておきたいと思います。

私は1963年、明石市の西側にある二見町《ふたみちょう》で生まれました。二見町は瀬戸内海に面した漁村ですが、歴史的には豊臣秀吉に冷遇されていた地域で、江戸時代に入っても貧しさのなかにありました。餓死者も出ましたし、子どもの「間引き」もしばしば行われていましたから、水子地蔵などのお地蔵さんがやたらと多い場所でした。

同じ明石の漁村でも、鯛などの高級魚が獲れるよい漁場での漁を許されている村と、そうした海域での漁が許されていない二見町とでは、漁師の暮らしぶりは大きく違いました。権力に冷遇されていた二見町は、たくさんの魚が獲れる海域での漁ができず、村の漁師たちは当時〝ゲテモノ〟とされていたタコを獲るしかなかった。いまや明石のタコといえば、明石焼を筆頭に兵庫の名産品として全国に知れ渡っていますが、当時、タコしか獲れない二見の漁師たちの生活は、決して楽ではなかったのです。

私の父はそうした貧しい漁師の家に生まれたのですが、子どもの頃に太平洋戦争が勃発、2人の兄と義兄（姉の夫）は徴兵されて戦死しました。二見町は、餓死者だけでなく明石の他の地域と比べて戦死者も多かった。つまり、徴兵された人たちは激戦地にばかり送られていた。貧乏な村の人の命は、他の地域の人たちの命よりも軽い、というわけです。

兄たちが戦死してしまったため、父は小学校を卒業してすぐ、家族を養うために漁師になりました。一応、卒業証書は持っているけれど、中学校なんてほとんど行けずに漁に出ていたので、実質は小卒です。母も、中学校卒業と同時に女工さんとして働き始めました。

実質小卒の父と中卒の母が結婚して生まれたのが私です。結婚する時、両親は「自分の子どもは高校まで行かせてあげられるように働こう」と誓い合ったそうです。父も母も賢い人でしたから、どれほど勉強したかったことでしょう。自分たちは願っても進学することが叶わなかったけれど、せめて子どもには……という思いが痛いほど伝わります。

こうした環境で生まれ育ったことが、どこを向いてどのような社会を目指すのかという、私のその後の生き方の原点となっています。

障害を持って生まれた弟

もうひとつ、私の人生の大きな節目となったのが、1967年に4つ下の弟が生まれたことでした。生まれてきた弟はチアノーゼで真っ青な顔をしており、重い障害を持つことになるのは明らかでした。当時、病院の先生は「このままにしましょう」と言ったそうです。それはつまり、放置して死なせましょう、という意味でした。

当時の日本には「優生保護法」という法律がありました。「優生を保護する」、つまり「優れていない命は保護しない」「障害を持った子どもは生まれないほうがいい」という考えに基づいた法律です。国が「この人は存在しないほうが社会のためによい」と命の優劣を判断し、命を奪う。まるでナチスドイツの優生思想のような法律が、1996年まで日本において施行されていたのです。当時のドイツでも、ユダヤ人虐殺については大いなる間違いだと批判した学者たちも、障害者虐殺については賛成していました。障害のある者を減らしたほうが優秀な民族になっていくという考えに、多くの知識人までもが賛成していたのです。

そして今も、2016年に神奈川県相模原市の施設「津久井やまゆり園」で、障害者が多数殺傷される事件が起きるなど、命の選別を行う思想は時代を超えて色濃く社会のあちこちに残っていると感じます。

弟の話に戻りましょう。当時、兵庫県は「優生保護法」の延長線上にあるような差別的な政策を、全国に先駆けて1966年にスタートさせていました。その名も「不幸な子どもの生まれない運動」。障害のある子どもを「不幸な子」と決めつけ、「出生前診断」で胎児の障害の有無を調べさせることを推奨したり、障害者への強制不妊手術を県費で積極的に行わせたりするなど、今の時代にはにわかには信じられないような政策を、兵庫県が全国に先駆けて行っていた。弟が生まれてきたのは、そうした運動が繰り広げられている時代だったのです。

両親も、最初は医者に言われるがまま、死なせることの同意書にサインをしてしまいます。しかし、「最後のお別れです」と言われて弟の顔を見た瞬間、母は「こんなのは嫌だ、連れて帰りたい」と泣き崩れた。その時、両親は「どんな障害があっても、自分たちで責任を負うんや」と腹を括《くく》り、病院の反対を押し切って弟を連れ帰ってきたといいます。ところが、周囲からは「障害のある子どもをなぜ死なせずに連れて帰ってきたのか」と批判される始末。ひどい時代でしょう。障害のある人間は金食い虫だから社会のためには死なせたほうがいいという価値判断がまかり通っていましたから、本人も家族も本当にしんどい思いをさせられる時代でした。

無理心中をし損ねた母からの言葉

家族や地域の貧困と、障害を持って生まれた弟と私たち家族への差別。この二つの理不尽に加えて、人生三つ目の節目となる出来事が起きたのは、私が6歳、弟が2歳の時のことでした。弟は障害者手帳に「起立不能」と書かれたのです。この4文字は強烈な印象として私の中に残っています。そして、その言葉に絶望した母が、弟を連れて無理心中を図りました。しかし、母は死にきれずに弟を連れて戻ってきた。

母は、私に似ていて口が悪いのですが、当時は「お前のせいで死ねなかった」と私を罵りました。「あんたが悪い。あんたがおると思ったら死なれへんかった」と。そこまでは、まだいいのです。母はさらに言いました。「あんたが弟の分まで（能力を）取ったんだ。あんたがかけっこで一番にならなくていいから、弟を歩かせてよ。あんたはテストで100点を取らんでもええから、弟に字を書かせてよ。あんたが弟の分まで全部取ってしまったんだ」と。6歳の子どもにとって、これは耐えがたかった。大好きなオカンから責められて、私は自分の体を引きちぎることができるものなら引きちぎって弟に返したい、とさえ思いました。

私は自分なりに努力してきたつもりですが、実際、子どもの頃から勉強も一番、運動も一番。野球大会ではホームラン王、サッカーでは得点王、柔道は市内優勝、ラグビーも県大会優勝時のキャプテン。ですが、それを自慢したいわけではなくて、そんなふうにできてしまうことが、自分の中では逆に引け目になってしまった。6歳の時、無理心中をし損ねた母から責められたことで、普通に親に甘えることができない子どもになっていたのです。母のことはずっと大好きです。それでも、あの言葉はつらかった。

小学校の頃から、両親には「お父ちゃん、お母ちゃんは先に死ぬから、あんたが2人分稼いで弟の面倒を一生見なさい」と言われ続けていました。「弟の分まで取った能力を、弟に返せ」と大好きな母に責められて、自分の体を引きちぎることができない以上、自分の能力は困っている人のために使わなければいけないと、幼いながら自分の心に誓ったのです。

「こんな地球、爆破したろか」

もうひとつ、私の人生の節目となる出来事は、弟が小学校に入学する時のこと。2歳で障害者手帳に「起立不能」と書かれた弟でしたが、両親は諦めなかった。スポ根漫画『巨人の星』の星一徹《いってつ》が息子の飛雄馬《ひゅうま》の体に装着したようなギプスを弟の体につけたりして、膝小僧を擦りむいて血だらけになるのも構わず、「歩け、歩け」と歩行訓練を続けていました。私自身は、そんな無茶苦茶な根性論で歩けるようになるんかいなと思っていたけれど、果たして弟は4歳で立ち上がり、5歳でよちよちと歩き出しました。

あの瞬間は、家族で抱き合って喜びの涙を流したものです。「6歳の小学校入学に間に合った」と。そして、父も母も通い、私も通っていた地元の小さな小学校ですが、そこに弟も一緒に通えると思って喜び合ったのも束の間、行政は「足に障害があるのならば、養護学校（今の特別支援学校）へ行ってください」と言い放ちました。自宅のすぐ目の前に地域の小学校があるのに、電車やバスに乗って、足の悪い弟を遠くの学校に連れて行けという。さすがにうちの両親も私もブチ切れました。必死に努力し、よちよち歩きながら歩けるようになった子どもに対して、「助けましょう」ではなくて、「他人の迷惑にならんように遠くに行け」と言う行政に、私も唖然としました。

「そんなもん、行かせられるわけないやないか！」と、家族で粘り強く嘆願、交渉し、ようやく弟も、私と同じ近所の小学校に入学することが認められましたが、二つの条件をつけられました。一つは、送り迎えは必ず家族がすること。そして二つ目は、たとえ何があっても行政を訴えたりしないこと。この条件を受け入れると一筆書くことで、弟はようやく私と一緒の小学校への入学を認められたのです。

弟の通学には、家族が毎日送り迎えすること、という条件がつけられましたが、うちは貧乏漁師の家です。父も母も朝の2時半には家を出て漁に行かなければなりません。弟が小学校に入学した年、私は5年生でしたが、弟に付き添って登校するのは私の役目になりました。

私は、弟の教科書をすべて自分のランドセルに押し込み、弟には空っぽのランドセルを背負わせて、周囲の冷たい目を感じながら登校していました。誰も手助けしてくれる人はいません。

正門をくぐった右手にトイレがありましたから、毎朝、弟と二人で「大」の用を足すほうの個室に入って、弟のランドセルに教科書を全部入れ直して、弟を教室まで連れて行き「闘ってこい、頑張れ」と声をかけて送り出しました。毎日戦場に赴くような気持ちでした。なんでこんなに周囲は冷たいんやと、悔しい気持ちでいっぱいでした。

学校の人も近所の人も、みんな人柄はいいのです。みんないい人たちなのです。ところが、社会全体となると非常に冷たい。ものすごく冷たく高い壁となって、私たち家族の前に立ちはだかっている。これはなんでなんや、と子ども心に思いました。なんで弟や家族はこんな理不尽な思いをせなあかんねん、これほど頑張っても報われないなんて、何かおかしいんやないか、と。

その思いが最高潮に達したのが、弟が入学してまもなく、全校生徒で出かけた潮干狩り行事の時でした。当時、なんとか自力歩行できるようになっていた弟ですが、浅瀬の砂浜はただでさえ足元が不安定になりやすく、私は気が気ではなくて、遠くから弟のほうをチラチラ見てばかりいました。すると、弟がわずか10センチくらいの浅瀬でうつ伏せにひっくり返ってしまったのです。転んだら自力では起き上がることができませんから、そこで弟はブクブクと苦しそうに溺れてしまいました。ところが、周囲にいる人は誰も、弟のことを助け起こしてはくれなかったのです。きっとそんなところで溺れるなんて夢にも思わないから、びっくりして動けなかったのだろうと今では思っています。それでも、誰一人、弟に手を差し出してくれる人がいなかった事実は、私をとても傷つけました。私は、走っていって溺れている弟を抱え起こしました。体の弱い弟は、本当に苦しそうに浅瀬の水のところでブクブクもがいていました。

びしょ濡れの弟の手を引いて家に帰りながら見上げた空が曇っていたのを、今もよく覚えています。こんな地球、爆破したろか、と思うくらい悔しくて悲しくて、絶対に復讐してやると心に誓った。命を投げ出してでも、一生をかけてこんな社会を変えてやる、それが僕にとっての復讐や、と誓いました。10歳のあの時、曇り空に向かって立てた自分の誓いに忠実に50年間を生きてきた、と自分では思っています。

弟の満面の笑みが教えてくれたこと

もうひとつ、私が弟から学んだ政治哲学があります。これも、いろいろなところですでに書いていますが、とても重要なことなので改めて書かせてください。弟が小学校に入学して初めての秋の運動会、春の潮干狩りでの一件もあり、弟は参加せずに黙って見学していました。私も、それはしょうがないよな、と思っていました。ところが、2年生の秋になると、弟が自分も運動会に出たいと言い出した。私は6年生になっていました。

潮干狩りの時の弟の姿を思い浮かべた私は「やめとけ」と言いました。「迷惑をかけるだけや。よちよち歩きのお前がかけっこなんて、できるわけないやないか」と言ったのですが、弟は泣きじゃくって「僕は出るんだ」と譲らない。最後は両親も根負けして、形だけでも出させてやろうという話になり、学校の先生に頼んで、かけっこに出場させてもらうことになりました。

　今の時代であれば、少し前のほうからスタートさせるなど、ハンディに対してそれなりの配慮があるものですが、当時はそのような配慮もなく、全員で同じスタート地点からの「よーいドン」でした。30メートル走だったか50メートル走だったか記憶が定かではありませんが、合図とともに子どもたちは一斉に走り出し、拍手されながらあっという間にゴールに駆け込んでいきましたが、弟はまだスタート地点から10メートルくらいのところで、よちよちと歩いていました。

　その弟の姿を見て、私は内心「だから言わんこっちゃない、こうなることはわかっとったやないか」と思っていました。自分のクラスメイトと一緒に座って見ていたので、「ああ、みっともな。止めりゃあよかった」なんて考えてもいた。そうしてふと走っている弟の顔を見ると、これまで見たこともないようなうれしそうな表情を浮かべていたのです。生まれて初めて見る弟の満面の笑みでした。その顔を見た瞬間、私の目から涙がボロボロと出てきました。

ここまで家族で一緒に闘ってきたのに、そして自分は兄貴なのに、なぜ運動会で走りたいという弟のことを応援できなかったのか。弟がかわいそうだと言いながら、実際は、自分がみっともない思いをするのが嫌だっただけではないか。自分は何もわかっていなかった。そう思ったら涙が止まりませんでした。「本人の幸せは本人にしか決められないし、本人が決めるべきもの」という私の政治哲学のもうひとつの原点がここにあります。

つまり、まず一つ目は、うちの弟が小学校に行きたいと強く願ったことを実現させたように、たとえ一人でも取り残さないこと。一人くらいは我慢させることになっても仕方がない、とは決して思わない。たった一人も見捨てることのないような政治をしたい。そして二つ目が、弟の幸せの形の是非は、外部が決めることではない、ということ。しかし、環境が整ってこそ実現できるものであるから、その環境を整えるのが政治だということ。つまり、幸せの形を押し付けるのが政治ではなく、一人ひとりの幸せのあり方を支えるのが政治だということです。これらの強烈な体験が、私の政治スタンスの根っこにある。この原点を抜きにしては、私が語る政治哲学の真意は伝わりづらいのではないかと思い、改めてここで書かせていただきました。

目の前で溺れている人を助けるのが政治

「泉さんは、強いですね」と、よく人から言われます。明石市長時代は、冒頭にも書いたように四面楚歌の全敵状態で、マスコミにはネガティブキャンペーンを張られ、職員には盗聴されて、どこからともなく殺害予告まで出される始末で、「よく、これだけの逆風にもめげんとやれますね」と言われました。しかし私が被ってきた理不尽など、生まれて早々に殺されかけた弟に比べれば、かわいらしいものです。生まれてすぐ殺されそうになり、ようやっと歩けるようになったと思ったら、「歩くのが遅いから遠くに行け」と言われる。こんな理不尽、ありますか？

弟が受けてきた理不尽に比べたら、私が発言の一部だけを切り取られてネガティブキャンペーンを張られるぐらい、どうということもありません。私がやってきたことは、たとえて言うならば、目の前に溺れている人がいて、そこに浮き輪がなかったから、近くの材木置き場にある材木を持ってきて投げ込もうとするようなものです。そこで「こら、泥棒！」と叫ばれたからといって、「ああ、すみません」と材木から手を離しますか？　「やかましい！　そこに溺れかけている人がいるんや！」とそれでも動こうとするでしょう。政治は社会制度のひずみの中で苦しんでいる人たちを実際に救えてこそ意味があるのであって、「社会にはこんな矛盾がある！　こんなことはおかしい！」と叫んでいるだけではしょうがない。溺れかけている人がいたら、どうやって実際に救うかを考えるのが政治だと私は思っています。

ところが、日本の場合は政治家が本当の意味での政治をやっていない。志もなければ勉強もしていないので、官僚の筋書きどおりに、官僚の言いなりに動いているだけ。そして官僚には、「困っている人を救う」「社会をよりよくする」というモチベーションがそもそも存在しない。それは官僚がけしからん、というわけではありません。

官僚というのは、本来、自分のモチベーションによって動く存在ではありません。国民主権の国において、国民の意志が反映されるのは、選挙によって選ばれ、選挙によって落とされる政治家です。選挙で選ばれたわけでもなく、選挙で落とすこともできない官僚が国民の意志と関係なく勝手に動いたら、そのほうが問題です。彼らに「弱い人を支える」といった道義的なモチベーションが存在しなくても責めるべきではありません。

現状の最大の問題は、政治がまともに機能していないことであり、そこに今の日本の社会システムの絶望があります。これについては、改めて別の章でひもといていきます。

いずれにしても、党派とも既得権益とも関係なく、溺れそうな人を本気で救おうと動くと、あちこちでハレーションが起きて「泥棒！」だの「独裁者！」だのと罵られることになるのが、今の日本社会です。

明石市長時代は、まさにそんなことの連続でした。議会から「勝手なことをするな」と羽交い絞めにされて、「うるさい！」と突き飛ばしたら「暴力振るった！パワハラ暴力市長！」とマスコミにもネガティブキャンペーンを張られる。「俺は助けたいだけや。なんで君らは、人が溺れそうになっているという肝心なことをきちんと報道せえへんねん」と言いたくもなります。緊急時には、トップダウンでスピード感をもって行政が動かなければ、救えるものも救えない。コロナ禍の時の社会状況は、まさしくそうした緊急性の高い事態になっていました。

即断即決だったコロナ禍での緊急支援

2020年4月10日、コロナ禍が直撃した商店街を歩いていたら、「もうテナント料を支払えない。店をたたむしかないが、従業員を路頭に迷わせられない」という商店街の人たちからの悲鳴のような声が聞こえてきました。25日の締め日までに家賃を準備できなければ、もう店を潰すしかないと追い詰められている人もいました。とにかく即時の緊急支援が必要だということで、私は市役所に戻って幹部を集め、「予算を組んでくれ」と指示を出した。「商店街が潰れそうや。1店舗100万円の上限で緊急支援を実施する。加えて、ひとり親家庭の子どもたちがお腹を空かせているから、こっちには5万円を振り込む。急ぎ、5億くらいの金を用意してくれ」と指示しました。

その足で議会に行って、議長に「私のことは快く思っていないかもしれないが、今は商店街が潰れそうや。子どもも腹を減らしている。今こそ政治の出番や。予算を組むから臨時市議会を立ち上げてください」と頭を下げた。それからすぐに取引先の銀行に電話をして、24日には明石市が金を突っ込むから振り込みのスタンバイをしてくれと伝えました。

兵庫県を含めた7都府県に最初の「緊急事態宣言」が出されたのは4月7日。同月16日には全国に緊急事態宣言が発出されましたが、それと同じ日に、私は個人商店への100万円の緊急支援などを軸にした、明石市の補正予算案を記者会見の場で発表していました。これらの支援策については同月20日に補正予算案が可決、翌21日から申込みの受付をスタートしました。初日だけで100件以上の申込みがあり、銀行には準備を整えてもらっていましたから、受付してから2日後には市民に振り込まれるようになっていました。

ひとり親への5万円給付も、5月振り込みの児童扶養手当に上乗せする形で、できるだけ早く届けられるようにしました。コロナ禍前の明石市の財政規模は1068億円（2019年度）です。人口およそ30万人の中核市としては、むしろ予算は少ないほうだと言えます。そんな明石市でさえ、やろうと思えばこれだけの支援策をスピーディに繰り出すことができるのです。要は、政治が市民を本気で救おうとするかどうか次第なのです。

トップが腹を括ればできる

5月に入る頃には、親がコロナ禍で失業した、収入が激減した、自分もバイト先の仕事がなくなったなどで、前期の学費が支払えず学業の継続を諦めざるを得ない「コロナ中退」の大学生が増えてきた。私はすぐさま記者会見を開いて、

「明石市が助けるから、安心せぇ。親が払えなくて子どもも払えないのであれば、明石市が支払う。それが行政の仕事や」というメッセージを発信しました。

それから何をしたか。「あなたの大学に明石市の学生で学費を滞納している者がいたら教えてくれ」と大学に片っ端から電話をしまくりました。「もしもそういう学生がいたら、明石市が代わりに支払うから」と。当初は、大学・高専・定時制高校を対象に上限50万円でスタートしたけれど、50万円では足りないという声や、通信制高校や専門学校、大学院なども対象にしてほしいといった声もあり、対象を広げて上限も最終的に100万円まで引き上げました。トップが腹を括って、やろうと決めればできる。これが政治です。

それなのにマスコミは、何かというと「泉は独裁的だ」と叩いてくる。これが独裁なものですか。政治はこういう時のためにあるのです。市民は見ています。この人はマスコミに叩かれながらも、本当に困った時には2週間後に100万円を振り込んでくれた人だ、コロナ中退しそうになっていた学生の学費を代わりに支払ってくれた人だ、とわかっている。

支援はいずれも、無利息で保証人不要の貸与です。なんだ貸与か、給付にすればいいのに、と思われるかもしれませんが、返済不要の給付金にしてしまうと、市民から預かっている税金ですから振り込み前に厳格な審査が必要になり、お金を渡すまでの時間がどうしても長くなってしまいます。その間に中退してしまったり店が潰れてしまったりしてはどうしようもない。ですから、前年同月比売上げだとか、休業要請に応えたかどうかなどの条件は問わず対象を広げて、苦境にある個人商店や学生たちにスピーディに対応するために貸与としたうえで、返済猶予期間を長く設けることにしました。

「明石市が救うから、安心してくれ」

あの頃、困っていたのは大学生だけではありません。高校進学を控えた中学生のなかにも、不安な気持ちを抱えた子どもたちが大勢いました。水商売で働いて子どもを養っていたひとり親家庭などは、夜の店が営業できないようになって完全に仕事を失った。このままでは子どもを食べさせていけない、という苦境にある家庭の状況も見えてきました。こうした家庭の子どもたちに進学を諦めさせたくはないとの一心で、彼らに対しては返済不要の給付型奨学金の制度を新設、「あなたのことは必ず明石市がサポートするから大丈夫や」というメッセージを早い段階で打ち出しました。

さらに、高校入試に向けた学習支援として、大学生たちにバイト代を払って講師になってもらい、週2回の無料学習支援制度をスタートさせました。高校進学後も「いろいろ大変なことがあるやろうけど、頑張れよ」という思いを込めて、卒業まで毎月1万円を3年間給付することも決めました。お金も大事ですが、それ以上に、継続して行政が関わりを持つこと、市があなたたちの学びを応援しているよというメッセージを伝え続けることが、より一層大切だと考えたからです。

当初は30人の定員で募集をスタートさせましたが、30人をはるかに超える121人の応募がありました。そして30人に絞ろうかとも思いましたが、切り捨てることができず、臨時の市議会を開いてもらって支援の枠を拡大させ、その年は1

10人を支援した。

そうやって年々支援の枠を拡大し、2022年には200人まで定員を広げたのですが、それに対して220人の応募が来てしまった。ここから20人を切るのは大変だなと思いながら申請の書類を読んでいたら、涙が出てきました。何が悲しいって、漢字が間違いだらけのものばかりなのです。こんなに大事な書類なのにもかかわらず、漢字を書き間違えてしまう子どもたちなのだと思ったら泣けてきてしまった。これは全員を救わなあかん、と、220人全員に対する支援を決めました。「君らに金がなくても明石が救うから、安心してくれ。そして、将来は明石のために頑張ってくれよ」と言って220人全員を支援しました。

2024年の年が明けてまもなくの時のこと。明石駅前の店で夕食を食べていたら、その店のアルバイトの子が走り寄ってきた。何かと思ったら、「私、泉さんのおかげで高校に行けてます、ありがとうございます。お礼だけ言いたかってん」と言って泣き出した。「うちは、ひとり親家庭でお母さんと二人暮らしで、申請したけどお金がもらえるかなって心配していたんです。でも、ちゃんと申請が通って今、高校に通えています」と言いながら泣いていた。

支援をスタートさせた年に応募してきた一人です。あの時、もしも予定どおり定員30人で残りを切っていたとしたら、この子は高校に行けていなかったかもしれないと思いました。この子を見捨てるかどうかを決めるのは政治。明石の政治は見捨てなかった。

ある意味でトップダウンですが、何があっても子どもたちを救うんだと、毎年2億円の予算を注ぎ込んだ。明石みたいな小さい自治体ができるのですから、全国津々浦々、トップにやる気さえあれば、どこの自治体でも実現できることです。

これが政治です。マスコミや議会にいくら叩かれたとしても、「泉さんのおかげで生き延びた」という市民が大勢いる。だから私は選挙に強かった。12年間、きちんと市民の顔を見ながら政治をしていれば、金なんか使わなくても選挙に勝てます。それを証明してみせたと自負しています。

本屋が「勉強部屋」だった

ところで、10歳の時、びしょ濡れの弟を支えながら、冷たい曇り空に向かって「こんな社会を絶対に変えてやる」という誓いを立てた私ですが、社会を変えるために闘うべき敵はどこにいるのか、闘いのフィールドはどこなのか。当然ながら当時はまだ見えてはいませんでした。

とにかく、両親から「あんたは弟の分まで奪って生まれたのだから、2人分働いて弟の面倒を見るように」と言われていたこともあり、自分が家族をなんとかしなければと死に物狂いで勉強するようになります。

前述しましたが、両親は勉強がしたくてもさせてもらえないような子ども時代を過ごしました。父親は、本を読んでいると「目が悪くなるから漁師が本なんか読むな」と手を叩かれたし、母親も「勉強するな」と言われる家で育った人でしたから、私は、小学校から帰るとまず、「宿題、してもいい？」と親に聞くような子どもになりました。それで「ああ、しぃ」と言われたら、「ありがとう」と言って宿題にとりかかっていた。

勉強をさせてもらえなかった両親を手伝いもせず、自分の時間を自分のためだけに使っていいのかなと後ろめたく思いながらも、この勉強は、今後、多くの人たちを助けるために必要なことなんだと自分に言い聞かせて机に向かっていた。少し早熟な子どもだったと思います。

しかし、小学校や中学校の宿題ならいざ知らず、大学受験ともなると、さすがに参考書や過去問などが必要になってきます。ですが、うちの家は貧乏でしたから、塾に通えないどころか参考書を買い揃えることができませんでした。ひたすら本屋さんで盗み読みをしながら、これは参考書を万引きするしかないのかというくらい思い詰めていました。

しかし、そんな自分の様子に本屋のおっちゃんが気づいてくれます。「ここをお前の部屋やと思って勉強したらええわ」と言って机と椅子を出してきてくれた。そうして、私は店の中で受験勉強をさせてもらったのです。

私が東京大学に現役で合格した時、本屋のおっちゃんは我が事のように喜んでくれました。東大に合格できたのは、本当に、あのおっちゃんのおかげだと今も思っています。

東大と学歴ペンタゴン

東大にはきっと、社会を変えたい、弱い人を助けたいという、自分と同じような志を持っている仲間が大勢いるに違いないと思って進学したのですが、実際には仲間と思える人はほとんどいませんでした。

つまり、当時の東大生は、その多くが裕福な家庭の子。小さな頃から当たり前のように塾に行って進学校に通って、教科ごとに違う家庭教師がいたという人もいました。彼らには貧乏が何なのかがわからない。腹が減って仕方がないという気持ちがわからない。10歳のあの頃のように、浅瀬で倒れた弟が溺れていたとしても、そのことに気づくことができない人たち。自分たちがいかに恵まれた環境で育ってきたのかということに自覚がなく、今のポジションを手にしたのは、自分の努力と賢さのおかげであり、貧乏をしている人たちは頑張りや能力が足りなかったのだと内心で考えている人たち――。

まさに、当時の私の大学の同級生たちが、その後、官僚になり、官僚のなかでもトップに君臨する財務省に入り、あるいは政治家になり、ちょっとひねくれた者が朝日新聞やNHKなどの大手マスコミに行き、コミュニケーションの苦手な人間が大学に残って学者になった。それ以外のわりと普通の学生は大企業に入っていって役員になり、経団連なんかに名前を連ねている。

つまり、当時の同級生や先輩・後輩たちがそのまま官僚、国会議員、マスコミ、学者、経済界という5つの世界に入り込んでいる。名付けて学歴ペンタゴン。みんなそれぞれの業界のお面を被っているだけで、中身はエリート意識に凝り固まった似たようなメンバーが集まっているだけ。明日、財務省の官僚と政治家が入れ替わったって、あるいは朝日新聞の記者と入れ替わったって、ほぼ誰も気づかないでしょう。

彼らの多くは、庶民の気持ちなんて何もわかっていない。この世の中の不条理に対する怒りなんてどこにも持ち合わせていないし、ましてや、その不条理をなんとかしようなどという志もはなから持ち合わせていない。

だから、「ライフプランに合わせた資産形成が必要ですよ。新NISAをぜひ始めましょう」なんていうことを政治家が平気で口にしてしまう。NISAで貯めろと言われたって、その原資がそもそもなく、それどころか物価高に直撃されて、給与はまともに上がらずに苦しんでいるのが庶民なのに。

「自己責任」という名の無責任

この学歴ペンタゴンの人たちの最大の特徴は「自己責任」が考え方の基本であるところ。先ほども書いたとおり、自分たちがいかに環境に恵まれてきたのかについての自覚がない。彼らが努力していないとは言いませんが、努力しているのは彼らだけではありません。

一方で、環境が整っていなければ、努力なんて報われないことのほうが多いものです。彼らが報われたのは、努力に加えて環境が整っていたことが非常に大きい。ところが、自分が報われたのは自分が努力したからであって、報われない人は頑張りきれなかったその人が悪い、という発想しかない。つまり「自己責任」「自助」の発想が彼らの理念の基本になっています。しかし、その考え方は政治と呼ぶべきものではありません。

私自身は、「共助を公助する」という理念を基本にしています。子ども食堂など地域の人たちによる共助の取り組みを、役所が縁の下でサポートする。役所が場所を探し、広報のチラシも作り、リスクも負いつつ市民の方たちの共助の取り組みを全力で支える。共助を公助するこの発想こそが政治です。

学歴ペンタゴンに収まっている人たちの多くは、溺れている人がいても目に入らない。不思議なもので、見る気がない人には、人が溺れていることが見えません。「なんだろう、遊んでいるのかな」ぐらいに思ってしまうのでしょう。目の前にお腹を空かせている子ども、虐待を受けている子どもがいたとしても、相手に関心を持たなかったら、その痛みに気づかないのが人間です。「あれは親のしつけだろう」というくらいにしか思わない。

幸い、貧しい環境でたくさんの理不尽な経験とともに育ってきた私は、溺れかけている人にすぐに気づくことができます。そうであれば、気づいた人が救うしかありません。

社会はつくり変えることができる

私には、溺れかけている人、踏みにじられている人たちの姿がすぐに目に入ってくる。そのことを見えていない人たちに逐一説明したところで、簡単に理解してはもらえませんし、こっちも理解されるまで待ってなどいられません。

みんなに理解されなくても構わないと思って動いた明石市政の12年間でしたが、結果として多くの市民に支えられ、その過程で、敵対していた人たちのなかにも一部理解してくれる人たちが出てきた。そして、少しは明石市をあたたかな街に変えることができたと思っています。笑顔を増やし、税収を増やし、人口を増やすことができたのもその結果でしょう。

その根底には、私が師と仰ぐ18世紀のフランスの政治哲学者、ジャン＝ジャック・ルソーの考え方があります。ルソーが提唱した「社会契約論」の根本には、社会は自分たちでつくり変えることができるものなのだという認識があります。「王様が言ったことだから正しい」わけではなく、「国民の代表である議会が決めたから正しい」わけでもありません。

私たちが「常識」だと思っていることは、果たしてそうなのか。本当に今のような議会が必要なのか。本当にマスコミは権力を監視しているのか。三権は分立しているのか。政治家が政治を動かしているのか。官僚は政治家の指示によって動いているのか。

少しでも「本当かな?」と首を傾げる部分があったら、「おかしいな」と思う自分の感性のほうに目を向けてみてください。社会をつくり変える一歩はそこから始まります。

次の章からは、明石市政の実績を引き合いに出しつつ、能面のような学歴ペンタゴンが日本社会の変革の芽を摘み続けてきた恐ろしい状況について、一緒に考えていきたいと思います。

第二章
役所という伏魔殿

漫然とした「官僚政治」が続いてきた悲劇

官僚は全体の奉仕者であり、公僕たらんとする志を持って霞が関にやってくるが、組織の中でもみくちゃにされるうちに当初の志を失い……というのは、官僚のみならず、永田町の政治家についても言われる常套句《じょうとうく》です。

でも、はっきり言いますが、社会の奉仕者としての使命を果たそうとか、日本の将来のために、市民の笑顔のために力を尽くそうと理想に燃えて霞が関にやってくる官僚は、残念ながら多くはいません。官僚の多くは、安定した優良な就職先として官公庁を選んだというだけです。多くの一般の人と同じように、自分の出世や安定がまず大切。第一章で述べたとおり、国民に選挙で選ばれたわけでもなんでもないのですから、当たり前です。民意を意識する必要もないのですから、国民のほうなど見る動機づけが存在しない。政治家の指示に基づいて粛々と実務を遂行するのが、官僚の本分です。官僚が独自の正義感に基づいて勝手に政策を動かしてしまったら、むしろおかしなことになってしまいます。選挙で選ばれてもいない人間が、勝手に方針を変えていいわけがありません。

ところが今は、「日本の官僚はそこそこ（少なくとも政治家よりは）賢いから、彼らに任せておけば、福祉と税収とのバランスをとって財政破綻などさせず、外交でも米中と一定の関係性を築きつつ、内政も外交もそれなりのところに着地するのでは」などと考えている人が案外少なくありません。

マスコミの中にもそういった認識が実は根強くて、だからこそ、官僚からの発表を垂れ流すような報道を平気で繰り返すのでしょう。政治家のことは「権力の暴走だ」などと叩くくせに、中央省庁からの情報は平気で垂れ流す。とりわけ、賢い人たちが集まっているであろう財務省の情報ならば間違いがあるはずはないと思い込み、官僚のスポークスマンみたいになっている。

ちなみに、東大卒のエリート意識に凝り固まった面々が、官僚になり政治家になり企業幹部になり大手メディアに入り大学の研究者になり……という、私の大学時代の同級生たちによる学歴ペンタゴンの話を第一章で書きました。中央省庁の中においてもある種のヒエラルキーがあり、やはり予算を握っている財務省がトップ・オブ・ザ・エリートという状況でしたので、当時も成績が優秀な人ほど財務省を目指す、というのが暗黙の了解になっていました。

ですから、学歴ペンタゴンの一翼を担うマスコミにも学者にも、財務省の官僚は賢い、財務省の言うことに間違いはない、といった〝財務省信仰〟がかなり根深く浸透していました。さすがに、日本経済の停滞がこれほど長く続き、日本の国際競争力がみるみるうちに低下してくると、彼らに任せておいたらまずいのでは、といった認識が少しずつ広まりつつあるようですが。

官僚に寄生する政治家とマスコミ

ですが、日本でこれほどまでに官僚政治が堂々と行われるようになってしまったのは、官僚の責任ではありません。政治家がまともに政治を行おうとしていないからにほかなりません。政治家が勉強もせず、能力を高めようという努力もしないため、結局は官僚の言いなりになるしかない。彼らに書いてもらった筋書きどおりにたどたどしい答弁を繰り返す国会の茶番が、まさにその象徴です。官僚の言いなりになって、財務省に言われたとおりに税金を上げ、厚労省に言われたとおりに保険料を上げている。

官僚がもし本当に賢く、そしてその賢さを国民のために活用しようと思っているのならば、国民の負担をできるだけ増やさない工夫をしながら財政のバランスをとる道を追求するはずです。ところが、少子高齢化で社会保障費が膨らんでも官僚たちは「さらなる国民負担を」という安易な方向に持っていくだけです。

そんな筋書きを考えるだけであれば、賢さなんて何も必要ありません。出る金が膨らんだから、支払ってもらう金も増やしますよ、と言うだけですから、足し算と引き算がわかれば誰にでも思いつく程度のことです。

児童手当の拡充などの子育て支援策を打ち出したのはいいけれど、さて、その財源はというと、「子ども・子育て支援金制度」を創設して公的医療保険料に上乗せする形で支援金を徴収するという。賃金の上昇によって実質の負担はゼロになるはずだと手品みたいなことを言っていますが、そもそも、賃金がきちんと上昇しているのは大企業の一部の人たちだけで、中小企業で働く人たちや個人事業主などは、物価高に飲み込まれて、むしろ実質賃金はマイナスになっているのが現実です。

租税負担と社会保障費負担が5割近くまで膨らんでいるにもかかわらず、手厚い福祉国家だという実感などまるで持てず、老後の資金は自己責任でなんとかしろというような悲惨な状況に国民が追い詰められているのは、官僚が漫然とした行政運営を続けてきたからです。社会状況がどのように変わろうとも、官僚は自分の過去の方法論を否定したり、これまで続けてきたものを自ら切ろうとは決してしませんから、結局は漫然と財政が肥大化していき、その肥大化したツケが国民負担に転化されているというだけ。

頭でっかちのエリート官僚には、国民が今、どのような苦境にあるのかがまるで見えていないので、「国民負担」という言葉の重たさも理解できない。しかし、繰り返しになりますが、国民から選ばれたわけでもなければ国民に何かを信託されたわけでもない官僚には「民のかまど」に対する思いがないのは当たり前で、彼らを責めるのはお門違いです。

「民のかまど」とは、仁徳天皇の逸話ですね。皇居の高殿《たかどの》に登って、民家のかまどから煙が上がっているかどうかを気にかけていた。煙が上がっていなければ民が食うにも困る状況だということで、租税を減免して民の暮らしを守ろうとした。政治を司る人には、この「民のかまど」への眼差しが必要です。だからこそ、国民の信託を受けた政治家の存在が重要になってくる。

要するに、政治家が政治を行っていない。漫然とした官僚政治が続いてきたことに、今の日本の悲劇があるのです。

できるはずの提案も「できません」

念のために書いておきますが、私は公務員が無能だと言っているわけではありません。むしろ日本の官僚の事務処理能力は、世界一優秀ではないかとさえ思っています。処理能力はきわめて高い。ただ、方針を転換することに対して非常に強く抵抗する。そこが大きな問題です。

2011年、私が明石市長に就任したばかりの時の市役所の職員たちの反応は、驚くべきものでした。情報を市長に上げてこない。何か新しいことをやろうとしても、まず「できません」と言う。できるはずのことを提案しても、「できません」しか返ってこない。およそ嘘ばかりでした。

たとえば、産業交流センターを保健所に転用したいと相談したときも、「そんなことはできない」と言われて抵抗されました。産業交流センターというのは、経産省関連の予算を使って、JR神戸線「大久保駅」前の再開発の時に余った土地に建てたという立派なハコモノでした。一等地にあるにもかかわらず、あまり活用されていませんでした。

「利便性はええんやから、保健所につくり変えたらええやん」と提案したのですが、職員が全員で「できません」と反対してきた。「経産省関連の予算でつくった施設を、保健所という厚労省関連の施設に変えることはできません。所管が違います」と言う。「別にできないことではないと思うけど」と言っても、関係職員が全員で「できない」の一点張り。「だったら、できないという根拠になっている法律を出してくれ」と言うと、「そんな法律は出せない。でも、そんなことをしたら、あとで経産省から補助金の返還を求められる」と言って、抵抗されました。

　私は「返還を求めてきたら裁判するからええ。国が訴えてきたら受けて立つ」と言って、最終的に保健所への転換を強行しました。果たして、国は何も言ってきませんでした。当たり前です。そんなことを禁止できる法的根拠などないのですから。結果的に、転用した保健所は、その後の想定外のコロナ禍の際には大活躍したわけなので、あの時に強行して本当によかったと思っています。

　似たようなことは山ほどありました。方針転換することが市民のためになると明らかであっても、「できません」の一言でシャットダウンしようとする。

　しかし、職員たちに悪意はありません。ひょっとしたら国にあとから怒られるんじゃないかとか、監査の時にチェックされるんじゃないかとか、県の監査で用途変更が認められなかったらトラブルになりかねないとか、とにかく国や県を恐れている。「お上至上主義」という、もはや信仰に近い思い込みがある。先ほど触れた「財務省信仰」にも通じるものですね。それに加えて、前例のないことをやるのが嫌、他の市がやっていないことをやるのは嫌という徹底した「前例主義」「横並び主義」ですから、そこの抵抗は本当に根強かった。

国と地方との関係について言うと、かつては法律上も「上下・主従」と規定されていましたが、地方分権改革が進み、1999年に成立した「地方分権一括法」により、「上下・主従」の関係から「対等・協力」の関係に変わりました。

つまり、法律上、国と地方は対等なのです。しかし、本当に地方が国と対等だと考え、実際にそのように行動してきた人は、日本全国広しといえども、あまり多くはないでしょう。中央省庁の官僚も自分たちが上だと思い込んでいますし、地方の市役所職員も自分たちは下だと思い込んでいる。そして地方においても、都道府県庁は上で、各市町村は下。そうやって、いまだにみんな、中央をトップにしたヒエラルキーの発想のなかで動いているのです。

私は、国と地方は完全に対等だと思っています。国とケンカをして負けたことがほとんどありません。なぜ負けないか。実際に対等だからです。

国とケンカして負けなかった理由

たとえば、２０１４年に地方創生交付金の制度がスタートした時のこと。当時の担当大臣は石破茂さんでしたが、石破さんは「熱意と創意工夫のある自治体を、国は全力で支える」とメディアで話していました。ところが実態は、総務省が「こうやって使ってくれ」と使い方の中身にまで口を出してきた。

たとえば、「商店街など地域振興のために、こういうところに配ってくれ」と指示してくる。私は、ひとり親家庭や障害を持っている人たちにも配りたいからと、社会保障のほうにも使うことにしたのですが、そこに赤字を入れてきて「従ってもらわなければ困る」と言ってきた。「話が違うやないか。おまえんとこの大臣が、地方の創意工夫で好きに使え言うとるやないか！」と、こっちはケンカも辞さずで反論し、自分たちのやり方を貫きました。法律上は対等である以上、負けるはずはないとわかっていました。「そうやって強制する根拠を示せ」と言えば、示せない以上、国は折れるしかないのです。

あるいは、根拠を示せないどころか、むしろ中央省庁の決定が完全な誤りということもあります。しかし、彼らは自分たちが間違っていたということはなかなか認めようとしません。そんな時は直談判で乗り込んでいくに限るのです。

ある時は、厚労省がひどい方針を出したことがありました。それは、2015年に実施された介護保険制度改定に関するもので、一定以上の所得のある高齢者の介護保険サービスの自己負担割合を引き上げるという方針から出てきたものでした。もしも高齢者が自らの資産が1000万円以下であることを証明できたならばこれまでの1割負担を継続するが、それが証明できなければ、住民税非課税世帯であっても、負担割合を上げるという無茶苦茶なもの。

つまり、「収入はなくても、ある程度の資産がある高齢者は自分で負担してください」という趣旨のものでしたが、それに当たらない場合は、そのことを自ら証明すべきという方針を打ち出してきたのです。

ですが、認知症で施設に入っているような高齢者に、自らの資産が1000万円以下であることをどうやって証明しろというのでしょう。しかもその方針では「施設の職員は、勝手に入所者の資産状況を調査できない」と書かれていた。私は「アホちゃうか」とブチ切れました。

認知症で施設に入っていて、資産なんかもう500万円もなくて、死ぬまでにお金が足りるかな、というような状況の高齢者が、自力での資産内容の証明もできないし、職員も資産状況を調査できないから負担割合が上がってしまい、ちょっと知恵の回る高齢者は資産隠しをしたりして負担据え置きという、大いなる混乱と矛盾を引き起こすような内容だった。こんなのはおかしいじゃないかと厚労省に電話して、「担当は誰や。待っとれよ、明日行くからな」と言って翌日乗り込んだのです。

その時は、さすがにみんな勢揃いしていて「方針を見直します」とあっさり〝間違い〟を認めました。当たり前です。現場のことをあまりにも無視した制度設計だったのは明らかでした。「優秀な官僚にお任せしておけば、よきに計らってくれるだろう」などと盲信せず、中央省庁の官僚の仕事は現場を無視したものが少なくないのだと思っておくといいでしょう。

中央省庁ならば人材が揃っていると思いきや、実はそうでもないのです。「賢くない」とは言いません。とにかく現場のことをわかっていない人が多すぎる。現場の実態がわからないまま机上の空論でやるから、実務に合わなくなっておかしなことになるのです。

そのうえ、実務的に合わなくなっているとわかっていながら、一旦決めたことは修正したがらないというのも役人の特徴です。それを、いかに軌道修正させていくか。そこに政治の出番があるのです。

政治はケンカだ

もう少し前向きな展開につながったエピソードもご紹介しましょう。

放課後の子どもの大事な「居場所」である学童保育。都市部では保育園のように定員オーバーになるところも多く、待機児童対策が必要なことは言うまでもありませんが、一方で、私は学童保育で働く大人にはきちんとした資格が必要だという考えを持っています。明石市長時代、学童保育で働く人の半数以上は教員免許のある人に来てもらっていました。子どもにきちんと寄り添って働いてもらいたいと思う以上、誰でもいいという話にはならないのです。さらには、複数の大人の目が必要なので、それなりの人員を配置すべき、というのも私の持論でした。

一方、待機児童問題や人手不足が深刻な状況もあり、全国市長会はむしろ、「資格なんていらない。地域の事情に応じて定員はオーバーしても仕方がない、場合によっては一人で大勢の子どもを見させればいい」というスタンスでした。

私は、それは絶対におかしい、子どもには複数の大人の目が必要であり、働く人の専門性も必要だと考えて、「それならば放課後児童支援員の資格認定研修を明石市にやらせてほしい」と厚労省に直談判した。きちんとした人材を明石市が率先して育成して、学童保育の現場で働いてもらおうと考えたのです。

すると、厚労省が「資格研修ができるのは、都道府県と政令指定都市までだから、中核市である明石市が研修を実施することはできません」と言ってきました。政令指定都市というのは、都道府県から多分野の行政サービス権限が委譲された人口50万人以上の都市のことで、中核市はそれよりも規模が小さく、人口20万人以上の都市で、都道府県の事務権限の一部が委譲されています。

ちなみに、かつては中核市の条件は人口30万人以上と決められており、人口が29万人台の明石市は中核市になれずにいましたが、2014年の地方自治法改正（2015年施行）によって中核都市の条件が20万人以上に緩和され、明石市も移行準備期間を経て2018年には中核市になっていました。加えて、私が市長に就任した2年後の2013年から市の人口は増加に転じ、2020年の国勢調査（10月1日時点）で初めて30万人を突破していましたから、結果的には、条件が緩和されなかったとしても中核市に移行できるだけの規模にまで成長していたのです。

一方で、中核市になってもなお、政令指定都市にならなければ実施できないことがさまざまにありました。明石市は、独自に人材育成などに取り組んでいくためにも、政令指定都市の人口条件を50万人から30万人に引き下げるよう、地方自治法のさらなる改正を国に求めました。残念なことに、その改正は実現できていないままですが……。地方分権を進めるためにも、政令指定都市の条件緩和の実現は、今後の重要課題の一つだと思っています。

いずれにせよ、当時中核市に移行したばかりの明石市には、放課後児童支援員の資格認定研修を実施することはできない、というのが厚労省の判断だったのです。

私は当然ながらブチ切れました。「なんで中核市だとあかんねん。人材育成の研修ができない理由にならんやろ」と言っても、「ダメです」の一点張り。そこで作戦を練り、政治力も使って厚労省にガンガン働きかけたところ、ついに「中核市の市長5人の連名で要望書を上げてもらったら、改正する」というところまでこぎつけました。

そこで、中核市の市長たちに「名前を貸してくれ」と電話をかけまくって賛同を得て連名の要望書を出し、ようやく中核市での研修を実現できる段取りを整えました。力技で押しまくっていってようやく勝ち取ったのですが、「都道府県と政令市のみ、と書かれています」の一点張りの壁を突き破るのは大変でした。しかし粘り勝ちです。「書かれています、じゃないやろ。お前らが書いたんやろ。中核市にはできないという合理的な理由がないんやから、変えればいいんや」と押しまくって、明石市は晴れて、放課後児童支援員の資格研修を実施する全国初の中核市となりました。

だから、政治はケンカなのです。ケンカせずに、周囲と協議しながら仲良く物事を進めようとしたら、結局は既得権益に絡め取られ、役所の職員の「お上至上主義」「横並び主義」「前例主義」に埋もれていって、方針転換もできず、有権者と約束した公約なんて実現できるわけがないのです。

「グーチョキパーの関係」で人を動かす

ちなみに、ケンカといっても、もちろん本当に殴り合いのケンカをするわけではありません。私は口が悪いけれども、相手を罵倒するだけでは物事が動かないことくらいわかっています。政治家を使うとか、県を飛び越えて中央省庁に直談判するとか、さまざまな駆け引きが必要です。そのあたりはジャンケンポンと同じです。つまり、グーチョキパーの関係です。

官僚は政治家に嫌われると出世できませんから、国会議員や地方議員にはゴマをする。そして、政治家は選挙で選ばれているわけですから、有権者には弱い。有権者は「お前、次の選挙で落とすぞ」と言えるから、政治家に勝てるのです。しかし、官僚は選挙で選ばれたわけではないから有権者、国民に対して「黙って言うことを聞け」といった大きな態度でくる。グーチョキパーの力関係のトライアングルです。ですから、中央省庁が無理難題を言ってきたときは、政治力が生きてくるのです。

たとえば、私が明石市長として18歳までの市民の医療費無料化を実施した時、国はペナルティとして国民健康保険の補助（国庫負担金）を年間で1800万円減らしてきました。厚労省は以前から、18歳未満の医療費助成を行う自治体に対して、このような〝制裁措置〟を実施していました。

官僚のマインドとしては、無償にすることで病院に行くほどでもないような人まで過剰に受診して医療費がかさんでしまうから、そんな助成をする自治体にはお仕置きだ、というわけです。理不尽このうえありません。

「子どもの応援」を掲げているクセに、自治体が子どもの医療費助成をやったらペナルティを講じてくる厚労省。どこを向いているのかと頭にきますが、財政に余裕があるわけでもない自治体にとっては、現実問題として、医療費助成の予算が必要なうえに国庫の補助まで削られたらダブルで負担が増えるので、腹を立てているだけではどうしようもない。

私は全国市長会と全国知事会に根回しをして、「子ども医療費無料の自治体に対するペナルティ制度の廃止」を重要要望に上げてもらいました。さらに、市長会や知事会だけでは弱いので、医師会と関係の深い自民党の議員にも掛け合って予算委員会で質問してもらい、厚労省に答弁させた。そういう押したり引いたりがあって、ようやく2023年4月、厚労省がペナルティ廃止の方針（18歳までの部分）を打ち出しました。

つまり、単に腹を立ててケンカ腰になっていても物事は動きません。先ほども言ったとおり、政治はケンカと言っても、本当にケンカするわけではありません。地方から声を上げるのと同時に、与野党問わずさまざまな議員に働きかけて質問に立ってもらい、最終的には医師会と関係のある議員にダメ押しをしてもらって厚労省を動かしたように、どの人を動かせば、何がどう動くのかという理屈で考えていくわけです。

強引なだけで壁は突破できない

その意味では、目的を達成しながら相手の顔をどう立てるかという策を巡らすことも大切です。先ほど、地方自治法改正で中核市の人口条件が30万人以上から20万人以上に緩和されたと書きましたが、実はこれも、私が明石市長に就任してすぐ、全国市長会に出向いて訴えたこととつながっています。

私は、明石市に保健所や児童相談所を必ずつくりたいと考えていました。保健所がなければ精神障害者の支援もできないし、引きこもり支援も十分にできない。

自分が何のために明石市長になったのか。それは冷たい街をやさしい街に変えるため。その一歩として、保健所も児童相談所も必要不可欠でしたが、保健所や児童相談所を設置できるのは中核市と定められていた。だからこそ明石市を中核市に移行させることが急務でした。

ところが先述のとおり、当時の明石市の人口は29万人台で、中核市の条件は人口30万人以上。そこで、全国市長会に出向いていって、「こんな人口減少の時代、地方分権を進めていこうとしながら人口要件はそのままというのは矛盾しませんか。当然、要件を緩和すべきですよね」と力説しました。法律のほうが現状に則していない、間違っているのだからこれを変えればいいだけやと説得した。

その際に「もしも30万から20万に要件を緩和してくれたら、明石市はすぐに移行しますし、周りの市も口説きますから、そうすれば全国市長会としても顔が立ちますよ。要件緩和によって地方分権が進む形になるんですから。それくらいせんかったら、何のための会議体だかわかりまへんで」と口説いたところ、市長会が動いてくれて、地方自治法改正がスパーンと決まった。そこで、すぐさま明石市は中核市へと移行し、保健所と児童相談所をつくることができました。

この時につくった保健所というのが、先述した大久保駅前一等地の産業交流センターを、役所の職員たちの反対を押し切ってつくり変えたものだったのです。

目の前にある人や予算や物をどのように動かせば、市民の生活がよりよくなり、明石の街をよりあたたかな街に変えていけるのか。10歳の頃からずーっと考え続けてきた私の頭の中には、あれとこれをつなげて、これを動かして……という緻密なアイディアが山のように詰まっていたのです。

最大の抵抗勢力は幹部職員

市民派の市長が改革を掲げて選挙で選ばれた場合、市役所に入ったとたん真っ先にぶつかるのは職員であり、その先頭に立って市長を止めにかかってくるのが幹部職員たちです。私の場合も、明石市役所に入ってからの最大の抵抗勢力は幹部職員でした。そのなかでもとくに、副市長の存在感はとりわけ大きいものがあります。副市長は職員のなかで人望のある人がなるケースが多いので、市民の代表というより、むしろ職員の代表のような存在です。

職員が何かの決定を通そうと考えたら、議会の承認を得る必要があるので、議会多数派と太いパイプを持つ人が副市長になっていきます。その意味では、市民に選ばれて単身市政に乗り込んできた無党派の新市長の動きを議会の意向を受けて押しとどめるのが、副市長の新市長に対する、最初にして最大の仕事になります。つまり、最初が肝心なのです。

新人の市長は右も左もわからないので、市政のベテランで議会とも太いパイプを持つ副市長につい頼りたくなってしまうものですが、相談などしようものならば、「ちょっとお待ちください、市役所の中で調整しますので」の一言で止められます。そして「まだ時期尚早です、もうちょっと状況を見ましょう」と永遠に状況を見させられたまま、1期4年が終わる、というのが典型的なパターンでしょう。

つまり、「副市長の言うことを聞く」＝「それまでどおりの市政を続ける」ということになってしまう。有権者としては、時代の変化に応じた新しい政治を求めて、その願いを新しい市長に託すわけですが、市役所に一歩足を踏み入れたとたん、最強の応援団であった市民はその場にはいません。そこにいるのは議会の議員と市役所の職員だけ。議会も職員も既得権益のなかでこれまでの市政を何十年と回してきたわけですから、そういう人たちが束になって新しい市長の動きを止めにかかってくるのです。

また新市長には、職員と仲良くならないと仕事ができないという思い込みがあり、議会の反対を受けると予算が通らないという思い込みがあるので、職員の理解を得ようと副市長に相談し、議会と手打ちしようとする。そうなったら、もうおしまいです。有権者と約束したはずの改革なんて、永遠に実現できません。

議会と手打ちしないと予算が通らない、職員と仲良くしないと仕事をしてもらえないなどというのは、単なる思い込みです。自分を選んでくれた有権者、市民のほうさえきちんと見ていれば、首長は絶対に改革を実現できます。

実際に、市役所も市議会も束になって止めにかかってきた私が、明石市長として在職していた3期12年間で成し遂げた数々の改革、数々の「全国初」を見ていただければわかると思います。まさに、論より証拠です。

嫌われる勇気

無党派・市民派の首長となった私は、四面楚歌、全敵状態だったと冒頭に書きました。職員も副市長以下ほぼ全員敵の状態で、市役所に乗り込んでいって12年。明石市長として「明石をやさしい街にする」という公約を実現させるために、まずは子ども政策を重点化し、子ども関連予算を2・4倍に増やし、子どもに寄り添う職員の数を4倍に増やした。

なぜ子どもばかり？という質問を受けることもありましたが、もちろん、子どもだけを大切にすればいいと思っていたわけではなく、明石に暮らすすべての人を笑顔にするための政策でした。短期的・中長期的にそれぞれの戦略を立てて考えていたのですが、それについてはあとの章でお話ししましょう。

いずれにしても、改革のための大胆な予算配分、人員配置の方針転換を実現していったのですが、全敵状態のなかでそれができたのはなぜか。

それは、市民から直接選ばれる市長には、方針決定権と予算編成権と人事権、この三つがあるからです。もうひとつ加えるとすれば、市民に情報発信ができる広報戦略、つまり広報誌が出せるということ。この四つがあれば、改革は確実に前に進めることができる。方針を決めて、予算を組んで、人を配置し、その真意を市民に対して周知できるのですから、改革できないわけがない。

副市長と手打ちしなくても、市役所の職員と仲良くできなくても、議会と対立していても、首長の覚悟とやる気さえあれば、そして有権者のほうを向いている改革である限り、必ず実行できます。職員たちは「金はどうするんだ」などとブツブツ言ってくるのですが、予算の方針転換をすればいいだけの話です。

人から嫌われたくない、冷たくあしらわれたくない、攻撃されたくない、なんて思っていたら前には進めません。私は、人から嫌われることなど、なんとも思っていない。誰に対しても「いい顔」をしたい、すべての人から理解してもらいたいなどと思っていたら、岩盤のように立ちはだかる既得権益の分厚い壁を打ち破ることなんてできるはずはありません。

明石市の予算を大胆に方針転換し、「子ども予算」を重点化する。そのために私が何をしたか。明石市長になった瞬間、市営住宅の建設を中止しました。「来年から市営住宅はつくらんからな」と言ったら、担当部署の職員はみんな、目が点になっていました。「意味がわかりません」と。「これまでずっと何十年もつくってきたし、今後20年間の計画もすでに立ててあります」と反論してきましたが、「計画があろうがなかろうが知らんがな。私がつくらん言うたらつくらん。ごめんな、来年から市営住宅の予算ゼロや」と。「いや、ぜ、ゼロなんて言われましても」となおも言うので、「ゼロはゼロや。それ以外の数字で予算が上がってきても市長のハンコは押さへんからな。市長がハンコを押さへんのに予算を使ったら犯罪やで」と言っておしまいです。

納得できない予算にはハンコを押さない

役所の予算というのは、所管の課で固めた予算が部に上がってきて部長が決済し、全体で調整して最後の段階でようやく市長に上がってくる。もうそこでは、市長にハンコを押さないという選択肢はないですよ、というような、なんとも言えない空気になっています。そこで市長が毅然として、予算編成権という権利をきちんと行使すればいいのですが、おおかたの自治体では、ほとんどの市長が手元に回されてきた決算にノーを言いづらい状況にあるはずです。そこで、職員との関係に配慮して忖度してしまうようなことになれば、市長の権限など絵に描いた餅、単なるお飾り市長と成り果てます。

そうならないためには、おかしな予算が上がってきたら、市長は決してハンコを押さなければいいのです。きわめてシンプルな話です。

そもそも、当時の明石市は当たり前のように毎年、市営住宅をつくり続けてきましたが、すでに市営住宅も県営住宅もたくさんあり、人口に対して明らかに公営住宅が余っている状況でした。民間の空き家もたくさん出てきていた。人口も減少していく時代に、そのまま市営住宅を漫然とつくり続けることに対する合理的な説明を求めたけれども、職員から納得のいくような説明は出てきませんでした。

私が提案したのは、空いている市営住宅を障害者のグループホームや、困難を抱えた人のシェルターに転用すること。さらに、民間の空き家も活用していく。そして、新たな市営住宅はもうつくらない。そうしたところで誰も困りません。方針を変えて、予算を変えるだけで、あっという間に子ども政策に向ける財源の一部を捻出できたわけです。

10世帯の床上浸水対策に600億円の予算

20年間で600億円を費やすことになっていた下水道工事の予算も、瞬時に150億円まで削りました。そもそも、どうして600億円もかかるのかと尋ねると、ゲリラ豪雨の際に床上浸水してしまうリスクがあるために、市の下水道を太くする工事が必要なのだと言います。

たしかに床上浸水の対策は必要ですが、具体的に内容を聞いていくと、「100年に一度」あるかないかくらいの豪雨によって、床上浸水するリスクのある家が10世帯あるのだという。「え、ちょっと待って。もう一回、言ってくれる?」と思わず聞き返してしまいました。

その100年に一度あるかないかの豪雨で床上浸水すると、人が亡くなるような危険が生じるのかと聞くと、「人は死にませんが、臭くなるでしょう」と。「臭いのはたしかにイヤやけどな、10軒の家が臭くならないようにするために600億円も使わんでも、他に方法があるんやないか。1軒に60億円もかけてたら、豪邸が建つがな」と思わず言ってしまいました。

まずは10軒の住民の方たちに、床上浸水のリスクの低い地域に移っていただくことが可能かどうかを検討する。それが難しければ、市内全域の下水道管を太くせずとも、浸水リスクのある地域に特化して対応すれば十分です。その他にも若干の補修などを加えて予算の見直しをしてもらったら、総額150億円になりました。一瞬の方針転換で、６００億円の予算が１５０億円になる。これが政治というものでしょう。

とはいえ、市営住宅の建設ストップだの、下水道工事の大幅縮小だの、自分たちの部署に前年度と同じ予算を引っ張ってくることにこそ正義があると思い込んでいる職員たちや、事業を請け負っている関連業界や、その業界と太いつながりのある政治家からすれば、冗談じゃないという話になります。そのような方針転換を、彼らと協議したところで誰も賛成するわけがないのだから話が進むわけがありません。

何十年と市営住宅のことをやってきた職員たちが、「そんなことをしたら私たちの仕事がなくなる」と嘆いていたので、「来年から違う部署へ行ったらええねん。仕事はたくさんあるで。行きたいところ言うてみて」と励ましました。そうやって予算と人事を動かせるのが市長でしょう。その権限を行使すればいいのです。それが政治です。それであっという間に４５０億円が浮くのです。

結果として、「殺す」だとか「天誅が下る」だとか、言われ放題でした。でも冒頭でも言ったように、私は地獄の閻魔さまとも友だちみたいなもので、「俺を引きずり下ろすなら、地獄まで一緒やで」という気持ちでいますから、市民のほうを向いて、市民のための政策を実現させようとする限り、自分に怖いことは何もない。市役所から一歩外に出れば、「ありがとう」「頑張って」と声をかけてくれるたくさんの市民たちがいるのですから。

予算に関しても、財務当局を呼んで、「子どもの医療費を、まずは中学校まで無料化するから、そのために必要な予算を組んで」とお願いしました。彼らは優秀なので、すぐに「10億円が必要です」と数字が出てきた。「そうか、わかった。ちょっと今から言うことを聞いてな。税収ってその年によって上がったり下がったりするよな」「そうですね」「そしたら、年間で10億や20億、上がったり減ったりするもんやな」「そうですね」「そしたら来年は10億円、税収が減るねん。な、来年は10億円税収が減ると思って、10億円を横によけて予算を考えてな」と。

これであっという間に中学校までの子ども医療費の無料化が実現しました。そうやって、これまでの無駄にメスを入れたりしながら、本当に必要なところに重点的に予算を配分していく。これこそが、市民から信託を受けた市長が本当にやるべき政治なのだと思います。

年功序列の人事をぶっ壊す

予算編成権とともに大事なのが人事権です。ところが、本当の意味で人事権を行使しようとすると、間違いなく副市長をトップとした職員たちとぶつかります。最初に市長となった時は、私も驚きました。私のところに上がってくるのは、すでに一覧表になった人事で、そこには15、16人くらいのハンコが押されており、あとは市長がハンコを押せばいいだけの状態になっている。

「これ、何?」と人事の担当に聞くと、「人事異動一覧です」と言う。この時もまた、「え、ちょっと待って」という状態になりました。

「人事権は誰にあるの?」「誰にって、市長ですけど」「俺、今これを初めて見るのに、どうしてすでに決まったもののように何人もの人がハンコを押してるの?」

と聞くと、「市長さん、もしも何か意見があるなら、ちょっと考えますよ」と言う。さすがに「考えるじゃないやろ、まず最初が市長やろ」と反論しました。当たり前です。しかし向こうも、「ほとんどの人事が既定路線なんです。実質、市長には人事権がないんですよ」と必死に説明してくる。

当時の明石市は、土木職、電気職、建設職などは見事に年功序列で人事が決まっていました。優秀か否かにかかわらず、課長、次長、部長というラインが決まっていて、最後は定年直前で部長になって卒業するというルールになっていました。そういう暗黙の「しきたり」なんですね。市役所を退職した時に、「あの人、最後は部長さんで終わった」と言えるから顔が立つ。優秀かどうか、やる気があるかどうかなんて関係ない。みんな、自分はそろそろだな、と思って期待しているわけです。さらには、特定の団体が指名する部長枠などもありました。今もまだ、こんな状態なのかと心底驚きましたが、かといって「ああ、そうですか」と言いなりになるわけにはいきません。

「人事は市長のところからスタートする。そのあとの確認のハンコを押す押さないは自由だけれども、人事権は市長にあるんや」と言って、まず人事の担当を呼びました。そして、「人事課と市長室を兼務してほしいから、その発令を5分後に出してくれ」と指示。彼は「何をするんですか？」と驚いていましたが、指示どおり、すぐに発令を出しました。

これで職員たちは、この市長は本気だと思ったことでしょう。そのあとは、それぞれの希望を聞きつつ、次々と人事異動の発令を出していきました。方針を変えるならば、人の配置も変えていかなければ実務は進みません。

子ども担当と福祉担当を「出世コース」に

まず抜本的に変えたのは、子ども担当と福祉担当を、明石市役所の出世コースにしたことです。中央省庁では財務省がヒエラルキーのトップに君臨しているように、どこの役所でも、人事もしくは財政、あるいはハード整備の都市計画の部署などが出世コースとみなされ、よく働く人たちが集められていました。一方で、福祉や子ども政策などのソフト面の分野は、出世コースとは程遠いポジションに置かれていたのです。これでは冷たい街をあたたかい街につくり変えることなどできません。

私はまず、子どもと福祉を明石市の出世部門に据えて、優秀な人材をどんどんそこに配置するようにしました。さらに、政策局と総務局の所管となっていた政策方針と予算・人事の業務をまとめて市長室で引き取りました。市長室には若手の元気な職員を配属し、私の話を聞いてもらいつつ、そこで政策方針や予算を決めていったのです。

暴論めいて聞こえることを覚悟で言いますが、基本的に方針は私が一人で決めました。情報提供はしてもらいます。正確な情報を集めますし意見は聞きますが、合議制ではないので、さまざまな情報を得て総合的に考えた結果、最終的に私が判断して指示を出します。

先ほどの例にも出したように、「来年から中学生までの医療費無料化をやるので10億円を用意してください」と指示を出し、担当部署がもしもそれをやりたくないと言ったら、「無理はしなくていいので、別の部署に変わってください」とにっこり笑って人事権を行使する。

とはいえ、別に飛ばすわけではありません。ストレスを抱えながら仕事をするのはよくないですから、その人にとってもっと働きやすい部署に移ってもらう。そうやって適時適材適所に人員を配置していったのです。

こうして人事権に手をつけていった時のハレーションは、想像以上のものがありました。自分がそろそろ課長になれる、次長になれる、部長になれると思って期待していた人たちからは、相当に恨まれましたが、私は「順番を待たないと部長になれん人はならんでよろしい」と一蹴しました。

本当に市民のための市政を目指すならば、部長は50歳くらいの人がなるべきです。引退まで10年くらい働けますから、中長期の課題にも取り組めます。58歳、59歳の人を部長にしたところで、あと1～2年、市のために何ができるというのでしょうか。

課長になれるのは50歳から、というルールもありましたが、私は「優秀な人は

50歳まで待たずに課長にしていく」という方針で、仕事のできる、やる気のある30代を次々と課長にして現場を仕切らせました。50歳でいよいよ課長だと思っていたら当てが外れてしまった人、部長になれないまま定年となった人たちは、泉さえ市長にならなければと大いに恨んでいることでしょう。

50歳で部長になると、そのあと10年は部長であり続けますから、部長になれる人数も極端に少なくなりました。人事に手を突っ込んだことで、私は、市役所の一部の人たちを敵に回してしまったわけです。

想像以上だった人事と予算の怨み

年功序列を否定したうえ、市営住宅の新規建設をゼロにし、下水道工事を一気に縮小させるなど、部署によっては職員も予算も減らされた。市営住宅をずっと担当してきた人、国民健康保険を担当してきた人など、それぞれの部署で専門的にやり続けてきた人たちも少なからずいました。そこに市議会議員も絡んできて、口利きで役所のパート職に人をねじ込んだり、自分の支持層である人たちの国保の滞納金に目をつぶらせるなどしており、議員と職員の馴れ合いによって一種独立した治外法権のような状況がつくり出されていました。

そこを透明化して健全化、適正化していきましたから、当初のハレーションは凄まじいものがありました。ですが、5〜6年も経つと人事異動が日常的に行われることが当たり前になっていきました。優秀な人間であれば評価されるという非常に透明な人事ですから、悔しさはあっても、そうした人事評価に「あいつは優秀だし仕方ないよな」という、ある種の諦めもあったかもしれません。納得して受け入れていく人たちが多くなっていきました。

しかし、子ども関連の予算を2・4倍にし、子どもに寄り添う職員の数を4倍にしたわけですから、当然、予算も人もそのせいで削られたという思いのある土建系の職員たちの怒りは根強いものがありました。そのあたりの強い怒りが、私の追い落としを図って盗聴し続けるという動きにつながっていったのではないかと思います。一種、マグマのようなエネルギーが溜まっていき、さまざまなところに飛び火をしていったのだと、今となっては思うところです。

2021年度の人事異動は27回

いずれにせよ、人事を透明化・適正化していき、適時適材適所の異動を心がけた結果、明石市は他の自治体よりも頻繁に人事異動が行われる市役所になっていきました。多くの自治体は、年に1回、4月1日に人事異動を行うのが基本でしょう。しかし、コロナ禍が市民生活を直撃していた2021年度、明石市の人事異動はなんと年間27回にも達していました。

新型コロナの感染が拡大していた当時、市のさまざまなイベント行事も軒並み中止になりましたから、「業務がなくなった部署の人たちは、みんな保健所に行ってくれ！」と保健所に通常の5倍の数の職員を配置しました。さらに、業者に頼んで電話回線を3倍に増やしてもらいました。ですから、感染者が激増した時も、明石市の保健所の電話はパンクせずにつながりましたし、感染者の自宅訪問もできました。当時は、「感染者が急増したら電話がつながらなくても仕方がない」「感染者が出ても自宅訪問はしてもらえない、自力で対処するしかない」というような事例がやむを得ないことのように報道されていましたが、それはやむを得ないことではありません。

そういう時に市民を支えるのが政治であり、そのためにこそ首長の権限があるのです。明石市は、市民のために臨機応変に、適時に人事異動をしただけです。

そういった権限を、安倍政権下における森友・加計学園問題のような「お友だち優遇」に使うのか、それとも市民のために使うのか、その姿勢が問題なのであって、権限それ自体は本来的には非常に中立のものです。ところが、その権限を私利私欲のために使う政治家があまりに多いために、学者やマスコミは「権力の暴走」とか「独裁市長」などとノーを突きつけたがる。

もちろん、権力は時に正しくない方向に暴走する危険もはらんでいますから、そのための直接選挙であり、さらに首長に対してはリコールの権利が保障されている。私は、首長は有権者のためにどんどん権限を行使すべきだと思っていますが、一方で、間違った方向に行きそうになったらすぐに飛ばせるよう、有権者の3分の1以上という署名数の条件から、有権者の50分の1くらいまで一気に緩和して、リコールを成立させやすくするのがいいと思っています。

そうすれば、首長も緊張感を持って、常に有権者のほうを向いて仕事をするようになるのではないでしょうか。

第三章
議会は本当に必要なのか？

「三権分立」はフィクション

いよいよ本丸の、政治家そして議会の問題に切り込んでいきたいと思います。日本は民主主義国家で、三権分立の国。三権のうち議会は立法権を担い、有権者から選挙で選ばれた政治家たちが法律を定め、行政監視の役割を果たす。そんなふうに学校の教科書で習ったかもしれません。貴族出身のフランス人思想家モンテスキューが『法の精神』で記したものが、その源流になっています。司法と立法と行政の均衡による権力の抑制。

しかし、そんなシステムが現実にきちんと機能していると思いますか?

少々乱暴に言いますが、モンテスキューの思想などそもそも嘘っぱちです。三権分立がベストなシステムとして機能していると、国民がまともに信じている国は、世界広しといえども日本くらいのものではないでしょうか。それが嘘っぱちだと気づいているからこそ、多くの国の人々は、権力は常に暴走するという危機感とともに、監視役であるメディアの重要性を強く認識しているのだと思います。

イギリスの思想家ロックが唱えたのは「二権分立」でした。彼の論において司法権は分立しておらず、裁判所と行政が一緒になっています。現実も、これに近いのではないでしょうか。総理大臣が最高裁の裁判官を任命する権利を持っている以上、司法が行政から完全に独立できるわけがありません。最高裁は、当然のことながら時の権力者に「迎合」するしかありません。

私は教育学部卒ですが、若い頃に師と仰いでいた政治家・石井紘基さんから「泉くん、政治家を目指す前に、まずは弁護士になれ。本気で人のために尽くして、世の中のことをもっと深く知りなさい」と言われたことをきっかけに、司法試験を受験、30代の時には明石市で弁護士として働いていました。

司法の世界は狭いので、最高裁の裁判官などにも顔見知りが何人もいます。いわゆる権力におもねるタイプの人たちが多く、ごまスリが上手な人たちが出世していって最高裁に辿り着く。国にケンカを売るような判決文を書く人は、最高裁には辿り着けません。もちろん心ある裁判官もいます。勇気ある判決文を書いた判事もいます。しかし、そのような裁判官はいずれも地方の裁判所に飛ばされ続けて終わり、最高裁まで辿り着くことはないのです。

最高裁で働く友人は、「泉、お前はいろいろ好き勝手に言っているが、自民党とケンカなんかできないんだよ。忙しいなかで人を増やしてもらおうと思っているところに、予算を削られでもしたら大変なことになる。〝わかっているだろうな〟と自民党からジロリと睨まれつつ、頭を下げて予算を通してもらっている状態で、政治的なことに違憲判決なんか出せるわけがないんだよ」と言っていました。本音でしょう。

最高裁判所など、単なるゴマすり役人集団です。それを世間は勘違いしていて、裁判所は中立で独立した司法権を持っており、公明正大な判断を下せるなどと思い込んでいるのです。現実は小学校や中学校の教科書どおりになんて動いてはいません。基本的に、裁判所というのは時の権力の下僕のようなもの。時の権力が逮捕した人が政治犯として有罪にされていった歴史をみれば、裁判所が中立なわけがないのです。

検察庁も似たようなものです。検察は行政機関の一つですが、今回の自民党派閥による裏金問題には、そもそも本気で切り込む気がなかったのだろうと思わざるを得ません。結局は、会計責任者ら7名と安倍派の所属議員3名を立件したのみで、安倍派幹部は誰一人起訴されずに手打ちとなりました。

そもそも、検察庁自体も裏金疑惑と無縁ではありません。2002年、当時現職の大阪高検公安部長が、テレビ朝日の『ザ・スクープ』という番組で検察庁の内部で密かに行われてきた裏金づくりの実態を告発しようとしていたところ、その収録の数時間前に、いきなり過去の微罪によって逮捕、起訴されて実刑判決を受けるという事件が起きます。裏金づくりをリークしようとした部長の口を封じるために検察が動いたとしか思えない展開でした。

自分たちが裏金疑惑にまみれている検察に対して、自民党の裏金問題を徹底的に洗い出すのではないかと期待するほうが無理なのかもしれません。

議会は「個別利益」代表者の集合体

司法の独立を期待するのは難しいとして、国権の最高機関たる国会はどうでしょうか。国民の代表者を選挙によって送り込む議会制民主主義こそが、多様な民意を国政に反映させるために必要だというのが私たちの常識となっていますが、果たしてそうでしょうか。

私の敬愛する政治哲学者ルソーは、はるか昔から議会の欺瞞《ぎまん》性を鋭く見抜いていました。議会の議員たちは、「社会一般の普遍的正しさ」つまり「一般意志」の代弁者ではない、というのがルソーの考えです。彼らは、自分を選挙で選んでくれた業界や地域を代表しているに過ぎない、と。つまり、国民全体の代表者ではなくて、個別利益の集合体、個別の欲望である「特殊意志」の集合体としての「全体意志」が議会であって、これは社会全体の人々の「一般意志」とはまったく別のものであるとルソーは看破していました。

実際、労働組合、宗教団体、地域、企業の集合体など、それぞれのノイジーマイノリティから送り込まれた議員たちで構成された議会において、多数決によって物事を決めようとしたところで、自分を支持してくれた集団の利益を守る方向に進んでいくに決まっています。

そんな「特殊意志」の集合体に過ぎない「全体意志」に、社会全体のための合理的な判断など期待できるはずもないのです。

議会制民主主義、つまり間接民主主義を提唱したのは、先ほど「二権分立」を唱えたと紹介したイギリスの思想家ロックです。彼の思想は、のちのフランス革命における人権宣言などにも大きな影響を及ぼしていますが、そもそもフランス革命後の議会のベースにあるのは、「政府が勝手に税金を決めるな。税金を徴収される側の意見を聞け」という商売人や富裕層たちの主張でした。税金を取られる側の理屈、つまり財界人の財産を守ることが議会の最大の関心事でした。

議会制民主主義は、金持ち階級の財産と権利をいかに守るかという関心のもとに生まれた制度であって、議会で守ろうとしていたのは、一般市民の人権や平等などではなく、既得権益であり財産。最初から、社会の普遍的な正義を守ろうなど考えてはいませんでした。

こうしたルソーの視点は、今の議会の状況を考えるうえでも非常に有効です。つまり、候補者たちは選挙の時には一般向けに耳障りのいいことを並べ立ててしゃべるので、選挙の期間中だけは有権者は主権者のように扱われるし、そのような錯覚を抱かされます。しかし、選挙が終わってしまえば蚊帳の外に追いやられるだけなのです。

比例代表における自民党の得票率はたった3割程度というのはよく言われることですが、これは投票された有効票における割合の話。投票に行かなかった人、棄権した人も含めた有権者全体の割合で言うと、自民党に投票した人は2割にも達していません。わずか5人に1人も支持していない政党が与党となり、議会で重要な政策を決定しているのが現状です。

先ほども述べたように、議会に送り込まれた政治家は、ノイジーマイノリティの代弁者でしかなく、特定の業界や党派、宗教などとは無関係な多くの庶民、つまりサイレントマジョリティの声を代弁する議員などどこにも存在しない。そのような議会が、社会全体のための合理的判断を下せない状況に陥ってしまうのは自明のことです。

「はじめに」で、経済の回し方には、物を売る側（企業）に光を当てるものと買う側（市民）に光を当てるものの2種類あるけれど、日本は売る側ばかりに光を当ててきた、と説明しましたが、まさに「売る側」を特殊意志、「買う側」を一般意志と置き換えれば、よくわかるのではないでしょうか。

議会制民主主義の限界

一方で、ルソーが理想としたのは議会制民主主義、つまり間接民主主義ではなく、直接民主主義でした。市民が直接首長を選び、首長が権限を行使することで、市民全体にとって共通の利益となること、つまり一般意志が政治に反映されやすくなると考えた。あるいは、大きな方針を決定するには住民投票・国民投票を行う。そうやって直接的に市民が決めていくことで、個別の既得権益に左右されない合理的な一般意志が確立されるのだというルソーの考えに、私は大きく影響を受けています。

何が言いたいかというと、議会制民主主義と直接民主主義、どちらが正しいのか、ということではなく、両方にそれぞれのよさと限界があるのだということ。かつ、議会の果たすべき役割は時代とともに変化しているということです。

たとえば、日本の場合、人口も増えて税収も増えていたいわゆる右肩上がりの時代、分配型の時代には、議会も一定の機能を果たせていたと思います。黙っていてもパイが増える時代でしたから、選択と集中という政治決断は必要ない。議員たちが、地域代表や業界代表などの役割を担うことで、それぞれの分野において見落とされがちなテーマを俎上《そじょう》に上げていき、パイの分配を行っていきました。社会全体であまり知られていない問題を広く知らしめる、きっかけづくりという意義もあったと思います。「こんな分野にも行政のサポートが必要ですよ」という気づきを共有してくれるというところに、各種の族議員の役割があったということです。

既得権益化している地方議会

ところが、時代は大きく変わりました。すでにどこの業界においても情報は共有され尽くし、いまや分配よりも〝選択と集中〟の時代です。業界代表や地域代表が「ここにもっと分配を」と声を上げたところで、それを反映する必要性も薄れてきており、かつ反映させるための財源もなくなってきているのですから、当然、議会のあり方自体が変わらざるを得ない。

ところが、議会はそれぞれの業界や地域の利益代表の集まりですから、基本的に〝継続と拡大〟を選ぶわけです。方針転換が避けられない時代状況になってもなお、方針転換に対して激しく抵抗する。

私が市民派の市長として改革しようとした時に、市役所の職員とともに私の手を抑え、足を引っ張っていたのは議会の方々でした。彼らの最大の関心事は、サイレントマジョリティの一般市民の生活ではなく、特定の集団への利益誘導や党派の拡大。そうした政治を十年一日のごとく、長きにわたり繰り返した結果、現在の、日本だけ時計の針が止まっているかのような惨状があるわけです。

各議員が特定の集団の利益代表として、〝選択と集中〟どころか、〝継続と拡大〟を主張し続けるわけですから、当然肥大化していくしかない。その意味では、官僚政治と完全に同じ方向に向かっている。第二章でも述べましたが、前例主義を押し通しつつ財源をできるだけ多く確保しようと動くのが官僚の習性ですから、財務省は税金を増やし、厚労省は保険制度を増設しては保険料の上乗せを繰り返して肥大化し、国民負担を増やしてきたわけです。

官僚政治イコール国民負担増の政治で、これを変えていくのが本来の政治家の役割ですが、議会、とくに地方議会は、それ自体がまさに既得権益化していますから、改革に対する最大の抵抗勢力となっている。一部の集団への利益誘導と自己保身に走り、市民全体にとっての合理的な判断を下そうとしません。

ですから、私が明石市長に就任した時も、まさに明石市議会が改革に対する激しい抵抗勢力になっていったわけです。これが、多くの市民派首長が、各地で直面している現実です。

議員の「口利き」が当たり前の世界

ところが、マスコミにはいまだに「議会」＝「多様な民意の代表」だという思い込みがあるため、首長は議会と対話し協議しながら政策を進めていくべき、という論調で報道します。そのため、私のように忖度なく権限を行使する首長を、独裁だの暴走だのと叩く。私は投票してくれたサイレントマジョリティである多くの市民との約束を実現させようとしているだけです。

地方議会の多くが、多様な民意など反映していないこと、ノイジーマイノリティの集合体でしかないこと、むしろ改革の抵抗勢力となっている現状などを、メディアはなぜきちんと報じないのか。やはり同じ穴のムジナ、形ばかりの民主主義の出来レースのなかで、既得権益を享受してきた学歴ペンタゴンの仲間たちだからなのかと思わざるを得ません。

私自身、市長に就任当初、議会が想像以上に理不尽であること、不合理であることに愕然としました。議員の口利きに応じて役所が人を雇う。議員からのお願いで特定の業者を使う。そんな口利きや忖度が当たり前のように行われていました。

実際、第二章でも述べたように、当時は、本来市長にあるはずの人事権がまともに行使されていませんでした。各部署で調整されて、部長決裁まですでに出ている人事が、ノーと言いづらいようなタイミングで市長に回ってくる状態でしたから、部長の一存で役所にパートの人を入れることなど朝飯前だったでしょう。役所に人をねじ込むことだけで存在感を発揮している議員もいましたが、私が市長になり、そうした古い慣習をすべてストップさせたことで、彼らは存在意義を失ってしまったようです。

かつてはもっとあからさまで、就職先が見つからなかった私の友人が、地元の議員に現金を包んで就職先を紹介してもらったりしていました。あるいは、保育園に入るには議員にお金を包むのが当たり前の世界だった。地方議員にお金を包まないと保育園に入れない世界があるなど信じられないかもしれませんが、現実に私が若い頃の明石市では、そのような光景が当たり前のように見られたのです。

どうして生活が苦しい市民が金持ち議員にさらなる金を包まないとならないのか、腹立たしさを通り越して悲しくなりました。おそらく、多くの地方自治体で似たようなことが起きていたはずです。

私が市長に就任した当時でさえ、市議会議員に頼めば、税金や保険料を滞納していても督促を免れるというような、不可解な口利きが存在していました。私は、それらの忖度を完全に無視して、滞納した人には平等に督促状を送り、回収率をどんどん高めていきました。

誰のための「ルール」なのか？

ちなみに、私はなにがなんでも取り立てろ、と言っていたわけではありません。本当に支払えないほど困窮しているのであれば、福祉の窓口につなげるなど、さらなるアプローチで生活の立て直しを支援する必要があるはずです。支払い可能なのかどうかも含めて、市役所がきめ細かくフォローしていくべきで、議員とつながりのある人だけ、支払い能力の確認もせずに滞納を黙認などという恣意的かつアンフェアな運用をしていいはずがありません。

市営住宅の家賃滞納に関して言うと、私が市長になった時、市役所には「30万ルール」なるものがありました。何かというと「市営住宅の滞納金額が30万円になってから声をかける」というルールでした。市営住宅といえば、家賃は月1万～2万円程度。30万円ということは、人によっては2年半も滞納して初めて「もしもし、あなた30万円滞納してますよ」と声をかけることになります。月1～2万円の支払いも滞りがちな人が、そこまで膨れ上がった滞納金を支払えるわけがありません。

それよりは、1万円、2万円くらい滞納した段階で「ちょっと、あなた滞納しているから、パチンコに行くお金、飲み代、ちょっと我慢して家賃を払わないと、住むところがなくなるよ」と声をかけてあげるほうがよほど親切です。

ですから、私は「もっと早い段階で滞納者に声をかけなさいよ」と職員に言いましたが、「明石市民に対して軽々しくお金を払えなんて声をかけるのは失礼にあたるから無理」という反応でした。要は、面倒だということでしょう。さらに、相手がもしも議員の支持者であれば議員に怒られるかもしれないという不安もある。ですが、市民のことを本当に考えるのであれば、早くに声をかけてあげたほうが親切です。「30万円たまったらもうお手上げになるし、住宅明け渡しなんてことになったら家族まで路頭に迷うやないか。そうならないためにも早く声かけたれよ」と言いましたが、担当の課長は動きませんでした。

仕方がないので、弁護士資格のある職員に担当を変わってもらい、その職員に1～2カ月滞納したタイミングで動いてもらいました。すると、明石市では市営住宅の家賃滞納がほぼゼロになりました。「私、弁護士資格のある市役所の職員ですが、今のうちに払ったほうがいいですよ」と声をかけると、おおかたの人たちは「払います！」となるのです。肝心なのは、きめ細かく連絡を入れること。国保の保険料も同様に、早めの声かけで徴収率はグッと上がりました。

実際に1万円、2万円の家賃が払えないほどに困窮しているのであれば生活保護につなぐ。明石市は生活保護の受給率も低くありませんが、それは残念なことではありません。市民の権利です。そこまで困っておらず市営住宅の家賃くらいは支払えるのであれば、家族を路頭に迷わせないためにも家賃は後回しにせず支払うようにと説得する。それこそが市役所の役割だと思っています。

事なかれ主義で、特定の議員と衝突したくないから腫れ物に触るような対応をしていてはダメなのです。

「李下に冠を正さず」を実行

忖度と口利きが横行する市政を一新するために私が就任直後にしたのは、私の選挙を中心になって支えてくれた人物を、市役所への出入り禁止にしたことです。もちろん、普通に一市民として市役所を利用するのはいいのですが、市役所内部の案件に関わらせなかった、という意味です。なぜそのようなことをしたのか。

選挙で応援してくれた人間を干すことによって、泉はどんな相手であれ絶対に口利きなどに応じる人間ではない、ということを示したのです。その人物も「あいつはなんぼ応援したって応援しがいのないヤツや」と苦笑いしていたそうですが、私は「李下《りか》に冠を正さず」を実行しました。

また当時、妻の父が明石市の観光関連団体のトップに就いていたのですが、私が市長になってすぐ、義父にその役職から退いてもらいました。いきなり退任を迫られた義父は「なぜ」と驚いていましたが、「身内がいると観光関連の予算をつけづらいので辞めてほしい」と頼んだのです。私の思いを理解した義父が退いてくれたおかげで、私は安心して観光をバックアップするための予算をつけて明石焼をはじめとした明石の魅力のPRに力を入れることができました。

さらに、私の身近な人、選挙を応援してくれた人たちを厚遇しなかったのとあわせて、対抗馬側に立ち、「反・泉」の選挙運動を繰り広げた人たちを市長就任後に干すようなことも、もちろんしませんでした。

それまでの明石市長選挙では、対抗馬を応援した会社が市の事業から外されたりするようなことが横行していたので、反対陣営の人たちは私の当選後に青ざめていたのですが、そうした意趣返しのようなことが何も起きなかったことにむしろビックリしたようです。

一方で、自陣営の人たちからは「泉に喧嘩を売っても干されないとわかっているから、舐められるんだ」と苦言を呈されました。ですが、市長の権限を選挙のために使うのは間違いだというのが私の信念でしたから、筋を通すことにこだわったのです。

こうした私の姿を、明石の市民は見てくれていました。自分の選挙よりも市民を大切にする市長、私利私欲と無縁の市長なのだということが市民の間に浸透したからこそ、私の発言が切り取られて「暴言市長」と炎上した時も、街に来たメディアの取材に対して、明石の人たちが口々に「あの子、口は悪いけど本気やねん。本気で明石のために汗を流してんねん。許したってや」と擁護してくれていたそうです。お天道様が見ている、という気持ちでやり続けていたら、ちゃんと明石の人も見ていてくれたのだと胸が熱くなりました。

加えて、力を入れる政策が、利権が絡みやすいハコモノ建設などのハード系のものではなく、離婚した親から子どもへの養育費未払いの際の立替払いや、優生保護法によって中絶や不妊手術を強制された被害者支援のための条例など、ソフト系のものばかりでしたから、なおのこと、私利私欲とは無縁の人間だと信じてもらえたようです。

市民のための合理的な提案には反対できない

いずれにしても、議員が自分の存在感を誇示するかのように、特定の人に便宜を図らせたり、人事を歪めたりするのは行政の私物化以外の何物でもありません。そして、そのような議会に歩み寄ったり、手打ちをしたりしてはダメなのです。自分を首長に選んでくれた市民の力を信じて、市民の顔をきちんと見ながら権限を行使すべきです。

ところが、多くの市民派の首長が、役所の職員と仲良くしようとして副市長に相談し、あらゆる改革が先送りにされるのと同様に、議会と手打ちをした結果、改革が骨抜きにされがちなのは、なんとも残念なことです。

多くの市民に支えられて2022年に誕生した杉並区の岸本聡子区長など、全国各地には素晴らしい市民派の首長さんがいます。ところが多くの場合、その能力を市政で十分に発揮しきれていない。区役所の職員の指示に従い、議会と連携しようとすればするほど、手足を縛られていくからです。

サイレントマジョリティのための政策転換を議会が歓迎するわけもなく、当然、議会の多数派は市民派首長にとっての抵抗勢力になります。にもかかわらず、マスコミや世論に「独裁」などと叩かれることを心配して、多くの首長が議会と仲良くしようとする。

繰り返しますが、市民が味方についていることを信じて、議会には迎合せずに政策転換をしていくべきです。対話型の政治というと耳障りもよく素晴らしく思えますが、「横並び主義」「お上至上主義」「前例主義」の役所と対話し、「継続と拡大」を目指す多数の議員たちと手打ちすることは、イコール改革しませんということになってしまうのです。

首長である私は、議会に提案する役割を担っていました。議員たちは、もしもそれが市民のためになっていない、合理的でないと判断したら、予算を承認しないという形で反対することができます。しかし、私は議会と手打ちなどしていませんが、私が提案した政策の多くが、共産党から右派まで、ほぼ全会一致で可決されてきました。予算でなく決算不認定という形で嫌がらせをされることはありますが、すでに執行されたものに対して、「泉が嫌いだ」と意思表明をされたところで、ほとんど影響はありません。

つまり、市民のほうを向いた合理的な提案である限り、議員たちは表立って反対できないのです。子どもの医療費無償化やコロナ禍における経済支援対策に反対などしようものなら、次の選挙でどうなるか、議員たちもさすがにわかっています。

繰り返しになりますが、政策さえきちんとしていれば、議会と手打ちしなくても、役所と仲良くしなくても、改革は進めていける。私は自分の明石市長としての12年間でそれを示すことができたと思っています。

杉並区長・岸本聡子さんにかけた言葉

前述の杉並区長の岸本聡子さんをはじめ、志ある優秀な首長たちにはぜひ頑張ってもらいたいと心から願っています。私は、岸本さんが当選した直後、文藝春秋刊行のムック『２０２３年の論点１００』の企画で彼女と対談する機会をいただきました。対談はとても充実したものになりました。ところがその後、私の市議会議員に対する言動が騒動になってしまい、杉並区からＮＧが出て、掲載できないことに。結果、文藝春秋と相談して私の単独インタビューとして仕切り直しました。よい対談だっただけに残念です。

対談でお会いした時は、終了後に岸本さんとご飯を食べながら、さらにいろいろお話ししました。その時、私は岸本さんに「区役所に取り込まれたらあかん。自分のやりたいようにやったらええねん。あなたには区民がついているんだから」とかなり説得しましたが、彼女は「私は泉さんとは違う（方法論をとる）」と言っておられた。

繰り返しになりますが、市民派・改革派首長の就任後には、当然ながら針のむしろが待っています。役所の職員は、これまでのやり方を否定してくる相手には全力で抵抗します。情報も上げてこないし、言うとおりに動いてもくれません。与党候補を抑えて当選したのだから、議会でも多数派から嫌がらせをされるのは当たり前。

その際に、失脚を狙われてネガティブキャンペーンを張られるのは当然なのだと市民がきちんと理解してくれるかどうかで、首長の動き方は大きく変わってきます。ネガキャンを張られて炎上していても、「そりゃそうなるよね。前例主義に立ち向かって、自分たちのために方針転換しようとしているのだから、そうなるのは当然だよね」と理解して、「首長がちゃんと仕事できるように応援せなあかん」と市民が思ってくれるかどうか。そして、首長がその市民を信じられるかどうか。

岸本さんは、安倍晋三元首相の国葬に反対するデモに参加したことを議会で批判されて、反省の弁を述べさせられていました。彼女が「一個人の政治的自由すら剥奪されるのが区長だ」とこぼしていたので、「岸本さん、あなたの自由は剥奪なんかされていない。あなたは区民に選ばれて区長になったのだから、4年間は大丈夫。胸を張って自分のスタンスを貫いたらええんや」と言いました。「デモに行きたければ、行けばええねん。叩かれたところで、〝デモに行きましたけれど、何か？〟とニッコリ笑えばええだけや。すみませんでしたと謝る必要もなかった。〝私、デモ大好きでーす〟ってニッコリして、これからも行けばええんや」と説明しましたが、彼女は「もう行きません」と言う。「なんで行けへんねん」と聞いたら、「トラブりたくありませんし、区役所の職員たちを困らせたくないから」ということでした。

彼女の気持ちはわかります。職員たちも、自民党などから呼びつけられて「あの区長をなんとかせい」と脅されることがわかっているから、岸本さんにデモに行かないでほしいと思っている。職員は議会に睨まれたら出世に響くので、なんとか区長を抑え込もうとします。彼らにとって区長など、4年の間だけ区政に口を出す存在です。それよりも議会の多数派と仲良くすることのほうが、職員の出世と保身にとっては何倍も大切だというわけです。

しかし、市民派として選ばれた首長は、そこと手打ちをしたらおしまいです。

そして、首長が議会と手打ちなどせず闘い抜くためには、市民たちが首長のネガキャンなどにいちいち動じないことです。議会と仲良くできなくても、職員と対立してさまざまな情報がリークされてきても、それらを俯瞰して受け止め、首長の方針転換を応援し続けることができるかどうかです。

有権者がそのように議会と首長を見ているとわかったら、議会も首長の掲げる改革に賛同せざるを得なくなっていきますから、まずはスタートが肝心なのです。

まずは財源を確保せよ

私が明石市の市営住宅の建設をゼロにしたように、これまでの政策の流れを止めるだけであれば、首長になった瞬間に実現できます。

その好例が、２０２３年４月に奈良県知事選に当選した山下真さん。彼は荒井正吾前知事が進めていた大型事業などの予算の執行を一旦停止にします。そして、重要度や費用対効果などを踏まえて予算の見直しを行った結果、国道バイパス工事や国民スポーツ大会のための新たな競技場建設など、前知事の肝いりだった政策の多くについて全額停止、もしくは一部中止という決断を下しました。それにより、60億円以上の財源が生まれました。

首長になって予算の執行を止められれば、あっという間に財源を生み出すことができ、自らの公約に沿った政策実現のために支出していけるのです。

もちろん、新たな使い方については議会の承認が必要ですが、財源がすでに確保できているわけですから、子育て支援や医療福祉などに使っていきたいと訴えれば、議員としても反対する理由はありません。通常は「財源がない」ことを盾に反対してくるわけですが、すでに無駄の削減によって財源を捻出しているのですから、議員たちは反対することもできず、予算を通すことが可能になるのです。

既得権益集団が吸い取っていたものを止めるだけで、赤字財政はあっという間に黒字化できる。首長が使わないと決めた瞬間に止まるのですから難しいことではないのです。予算のほうも市民から圧倒的に支持される政策であれば通るのですから、この点も問題ない。四面楚歌で針のむしろに怯えている市民派首長たちには、ぜひ勇気を持って役所とも議会とも手打ちせずに方針転換を貫徹してほしいと思っています。

私の市長就任1年目は、「議会軽視に関して市長に反省を求める決議」なるものが議会に全会一致で出されたのと、広報予算を削減されたくらいで、おおよそ私の提案がそのまま通りました。「議会軽視の姿勢を反省せい！」と言われたのと、「お前の言いたい放題には言わさんぞ！」という意思表示として月2回出している広報誌の予算を削られて、ページ数を少々減らすことになったわけですが、今は紙媒体だけでなくネットでの情報発信もできますから、さほど大きな問題ではありませんでした。

議員の存在意義が問われる時代

その意味では、ネットインフラによって役所と市民の距離はぐっと近くなりました。昔は市長と市民との距離は非常に遠かった。市民が市長に何か物を申したくても、直接意見を届けるにはハードルが高く、だからこそ、市民の声の受け皿として地方議員の存在意義があったと思います。「自分の地元で、こんな意見があった」「こんなところで困っている人がいる」と、市民の声を市政に届ける役割を地元の議員たちが担っていたのです。

ところが今はネットがあります。ネットが使えない市民であっても、首長に直接手紙やファクスを送ることもできます。かつては市民の声などほとんど意識していなかった行政も、今は積極的にその声に耳を傾けるようになっています。市長自ら、タウンミーティングなどに出向いて市民との直接対話の場を設けることも当たり前になり、実効性のある市民参画のシステムづくりも格段に進んできています。

市民が自分たちの声を役所に直接届けられるようになったのと同様に、役所の情報を市民が入手することも容易になりました。今は情報公開も進んでいますから、ほとんどの行政は財政から議会の会議録までさまざまな情報を公式サイトにアップしています。誰もが議員などを通さずに情報を入手し、さらに行政に対して直接意見を伝えるツールを手に入れました。

かつてのように、市民の声を直接聞いている議員が民意を議会に届けて、そこで多様な民意を反映させた話し合いをして、それらを参考に行政が政策を行う……などと時間をかけて悠長に進めていた時代とは、状況が大きく変わってきています。

そうなってくると、ますます議員の存在意義とは何ぞや?という話になってきます。分配型の時代は終わった。情報も双方向で自由にやり取りできるようになった。間に議員を挟む必要なんて、もうないよね?と思う市民が増えてきたのも、時代の変化として理解できるでしょう。挟む必要がないどころか、改革を阻む要因にさえなっているわけですから。

実際、就任1年目に明石市議会の男女比率について、男性も女性も必ず3割以上にするというクォータ制を導入する条例を提案したところ、「議会のことに市長が口を出すな」と、議会で審議もされず即決で葬り去られました。

ご存じのとおり、クォータ制とは男女比率を是正するために、女性に一定数を割り当てる制度です。明石市議会に提案した条例案は、どちらかに極端に偏るのはよくないという考えに基づいて、男女どちらも必ず3割以上、としました。当時の明石市議会は定数31でしたが、陣営の公職選挙法違反で当選が無効になった議員が1人いたため、1人欠員が生じた状態でした。私は、クオータ条例の提案とともに、議員定数もこのまま1人削減でいいだろうと考え、定数1削減の条例も一緒に出しましたが、二つとも審議もなく即決で否決されました。

さらには、否決しておきながら1年後には、議会が自ら定数1削減を決めました。それなら、どうして1年前に否決したのよ、と思いますが、「お前に言われたからやるんやないで。自分たちで決めたんじゃ」というメンツの問題だったのでしょう。合理的な議会運営よりも、自分たちのメンツのほうが大事。そういう議会の特性がよくわかる顛末《てんまつ》でした。

ちなみに、その後、クォータ条例を私のほうから提案することはありませんでしたが、結果として現在（2024年6月）、明石市議会の議員は30人中10人が女性議員です。条例は可決できなかったけれども、状況としてはひとまず達成できたと考えています。

行政のチェック機能は有権者に

日本の場合、国と地方では議会を取り巻く制度は大きく異なります。国政については、権力が暴走して戦争に突き進んだ過去の歴史の反省を踏まえ、権力が集中しない構造になっています。フランスの思想家モンテスキューが提唱した三権分立をかなり忠実になぞった制度で、加えて議院内閣制によって権力をさらに分散させています。システムとしては三権分立と謳いつつ、先述したように司法の独立などほぼフィクションのようなものですが、ここではその点は横に置いておきましょう。

国政が権力を分散させている一方で、地方政治は大統領制に近く、有権者が直接首長を選挙で選び、首長にはある程度の権限を集中させています。というのも、地方は一国の外交を担うわけではありませんから、戦争や防衛政策などに関与しません。地方政治の最も重要なテーマは、そこに暮らす市民の生活をいかに支えるかということ。暴走のリスクが国政よりも格段に低く、加えて市民の生活に直結しているが故に柔軟な方針転換の必要性に迫られることも多い。地域によって特性も異なります。こうした地方政治の特徴から、首長には専決処分の権限が認められているわけです。

そこで、一定の権限が集中している首長を誰がチェックするのか、という問題になってきます。その際に、議会によるチェックをメインに考えるのか、あるいは違う形でチェックを機能させるのか。何がベストなのか、私たちはよく考える必要があります。

今の日本の地方政治においては、表向きは議会のチェック機能がさまざまなところで働いています。たとえば、議会が予算の承認をしなければ新しい予算の執行はできませんし、副市長や教育委員会の教育長人事は、議会の同意がなければ市長単独では決められない。

とはいえ、市民の生活に直結するテーマなだけに有権者の目もありますから、なんでもかんでも否決というわけにはいかないので、先ほどから述べているように市民のニーズにかなった予算であればまず承認されます。副市長や教育長の人事も、首長の人事権全体から見ればささやかなものです。

ですから、私自身の経験で言うと、自分の政策を実現させていくうえで、議会が大きな障壁になったことは実はほとんどありませんでした。先述のとおり、嫌がらせとして決算を否決するくらいのことしか議会はできなかったのです。

とはいえ、議会は「不信任決議」によって首長を不信任にできる権限を持っています。いざという時には、この決議によって首長にノーを突きつけることができるのです。議員の3分の2以上が出席し、そのうちの4分の3以上が賛成しなければならずハードルは高いのですが、これが可決されれば首長は10日以内に辞職するか、議会を解散しなければなりませんので、非常に重たい決議です。しかし、議員たちは自己保身を優先しますから、解散にはそもそも及び腰。この決議が出されることはほぼありません。

一方で、「問責決議」というものも存在します。私も明石市議会から出されたことがありますが、不信任決議と似て非なるもので法的拘束力は何もありません。ただ単に「猛省せい！」と議会が首長に反省を迫る……というものです。

そのように考えていくと、議会が実際に行政のチェック機関として機能しているかというと、はなはだ疑問と言わざるを得ません。むしろ方針転換の足かせになっているというのが実態です。

だからこそ、第二章の終わりで少し述べたように、議会任せにせず、有権者によるチェック機能をもっと強めたほうがいいのではないかと思うのです。

そのためには、リコールの条件を現状の有権者の3分の1から、50分の1くらいまで一気にハードルを下げ、あわせて当選後1年間はリコールが出せないというルールを撤廃し、いつでもリコールできるようにする。

有権者が「この首長はちょっとどうなんだろう……」と思ったら、さっさとリコールを出して再び選挙で選び直していく、というのはどうでしょうか。まともなチェック機能を果たしていない議会よりも、よほどスムーズかつ効果的に首長にノーを突きつけることができるのではないかと思うのです。

アメリカ型かヨーロッパ型か

私は、今の日本の議会制度はあまりにも中途半端だと思っています。市長と市民をつなぐパイプとして市民の声を政治に届けるなどという役割も、知られざるニーズを見つけてきて予算配分させるなどという役割も、もはや20世紀のもの。議会も時代に即した形に変化していく必要があるでしょう。

しばしばあちこちで話していることなのですが、議会にはアメリカ型とヨーロッパ型があります。アメリカの地方議会は少数精鋭です。たとえば、明石市の姉妹都市であるカリフォルニア州バレホ市の議員はわずか6人。その6人が持ち回りで市長職も担うようです。専門性もあり能力も高く優秀なので、権限もあり報酬も日本より高い。きちんとした能力と働きに対して、きちんとした対価が支払われているのです。

一方、ヨーロッパにおける地方議会のなかには、ボランティア型の地域もあると聞きます。報酬は少ないけれど負担も少ない。土日などの夜間に集まっては行政の報告を受けて、それを承認するのが主な役割です。いわば自治会長の集まりのようなもので、地域の顔ともいうべき人たちが出てきて、行政からの情報を共有し承認する。待遇も交通費などの実費精算程度ですが、高い能力が求められるわけでもないので、多様な人たちが関わることができます。

率直に言いますが、今の日本の地方議員たちの関わりもこのレベルだと思います。大した権限を行使できていないのですから。ところが、実際には大した働きもしていないのに待遇だけはよくて、さらに何故か態度の大きな方が多い。

本当に多様な民意を反映させた議会にするならば、ヨーロッパのようなボランティア型にすればいいと思います。報酬は少なくても地方自治に関心を持つ人たちが気軽に参加できるようになるでしょうし、当事者意識も醸成されやすいでしょう。

一方で、高い報酬を得ようと思うのであれば、アメリカ型のように人数を絞り、専門性を発揮できるクレバーな方たちを選んで少数精鋭でしっかりと仕事をしてもらう。ちなみに、議員数6人のバレホ市の人口は約12万人。日本で同規模の自治体における議員数の平均は、およそ25人前後でしょう。4倍以上の、まともに権限も行使しないような議員たちが「市政と市民のパイプ役」という前時代的な役割を建前に、一定程度の高い収入を得ている。あまりにもチグハグで中途半端だと思います。

議会は本当に必要なのか。あえて強い言葉で問題提起したのには、そのような理由があります。ボランティア型で広く多様な市民に門戸を開くか、少数精鋭で能力の高い人にしっかり仕事をしてもらうか。少子高齢化に人口減少、さまざまな厳しい要因が待ち受けている変革の時代、日本の議会もどちらかを選択していくべき時に来ているのではないでしょうか。

最も助けを必要としている人たちに政治の目が向いていない

日本の地方議員がまともに仕事をしていないという現状について述べてきましたが、まともな仕事をしていないということで言うならば、国会議員も似たようなものでしょう。

世の中の一部の人たちの間では、新ＮＩＳＡなどの投資ブームが起きています。空前の株価に浮かれています。投資をやめろとは言いませんが、岸田文雄首相が「投資で資産所得の倍増を」というようなメッセージを発表した時には、政治家が国民に向かって言う言葉だろうかと悲しくなりました。

物価の急激な上昇に、賃金のアップが追いついていない人たちがたくさんいます。身分が不安定な非正規雇用の人たちはベースアップどころの話ではありません。国民年金の保険料は年々じわじわと上がり続けて、収入の安定しない非正規雇用や自営の人たちの負担感はかつてないほど大きくなっています。重い負担に耐えながら、さらには自分が受給資格を持つ年齢になる頃には年金制度が破綻しているのではないかといった不安も抱えている。

そのような状況のなかで、個人の投資によって社会を回そうとすることは、政治の放棄に等しいのではないでしょうか。経済的に余力のある人は働かずして利益を増やす一方で、ダブルワーク、トリプルワークをしながらなんとか子どもを食べさせているような多くの人は、貯蓄に回す余裕などあるはずもなく、物価高に直撃されて実質賃金は目減りしている状況で、子どもの大学進学を諦めさせたりしているのです。

そうした社会の矛盾を解決することこそが政治の本来の役割なのに、政治が格差を拡大させてどうするのかと思います。最も助けを必要としている人たちに政治の目が向いていない。私利私欲が政治家の仮面をかぶっているだけに思えて仕方がありません。

ところが、真面目にコツコツと働き、歯を食いしばりつつ頑張ってしまう人がこの社会には大勢いるために、政治がこれほど機能不全に陥っていても、なんとか世の中が回せてしまっている。その頑張りによって、政治家の無能ぶりが覆い隠されていると言ってもいいでしょう。

今の日本では、政治が機能していません。国会にも地方議会にも、まともに仕事をしていない議員たちが溢れかえっています。政治家がなんの権限も果たさず、官僚任せの政治が続いていること。そして、官僚たちはそもそも国民のほうなど見ていないこと。

みんな自分たちの民主主義が丸裸になっていることに、とっくに気づいています。だから、誰かが言う必要があるのです。デンマークの童話『はだかの王様』で、大人たちが忖度して口をつぐむなか、「王様は裸だ」と正直に言った子どものように。

「日本の民主主義は機能していませんよ」と。

本来は、そういうことを報じるのが社会の公器たるメディアの役割であるはずなのです。次の章で、今の日本のメディアと政治の関係について考えていきましょう。

第四章

国民不在のマスコミ報道

「財務省は正義」という幻想

マスコミについて語る前提として、私がマスコミに対して強い期待を抱いていることを、まずお伝えしておきたいと思います。期待が強いからこそ、失望や怒りも強くなってしまう。世の中に真実を伝え、世論を喚起するという、社会の公器としての役割に大きく期待しているからこその想いなのだと理解くだされば幸いです。

そもそもの期待が大きいからこそ、官僚からの情報を垂れ流すようなマスコミの報道には本当に腹が立ってしまうのです。

たとえば、財政規律派で常に財務省の言いなりだった岸田首相が、国民を意識して、珍しく「トリガー条項の凍結解除を検討したい」と言い出し、ガソリン税の減税などの国民負担軽減策を打ち出した時、マスコミはどのような報道をしたでしょうか。

あの時、財務省は鈴木俊一財務大臣に「(凍結解除を実現するには) 巨額の財源が必要になるなどの課題がある」と言わせました。すると、マスコミも財務省の情報に完全に乗っかって、「あんなのは岸田のパフォーマンスだ。財務省だって財源がないと言っているじゃないか」と騒ぎました。何度も繰り返しますが、財務省をはじめとした官僚組織は、国民のほうを見る動機づけがそもそもないのですから、国民負担の重さに対する実感など何もないわけです。その財務省の言い分をそのまま垂れ流すマスコミは、一体どこを向いて、誰のために報道しているのか、と厳しく問いたい。

市民の立場からすれば、今の苦しい状況を少しでも楽にしてほしいわけですから、「財務省よ、財源がない財源がないって、そればかり繰り返していないで、まず知恵を絞る姿勢を見せてくれよ」と言いたいところです。その実態を思えば、マスコミも「市民の生活はこれだけ厳しい状況にあるんだぞ」といった姿勢で財務省に迫っていくべきでしたが、「岸田総理はアホや、アホ。財務省にも根回しせんと、あんなこと打ち上げて」と、もはや財務省のスポークスマンかのような報道に終始していました。

結局、トリガー条項の凍結解除の議論のゆくえを追及するような報道もなく、今は、一人につき4万円一回ポッキリというお粗末な定額減税に、大騒ぎしています。

誰にとっても生きやすい社会を実現するためには、権力が適切にその権限を使っているかどうかを監視するマスコミの役割はとても重要です。

だからこそ、市民の声に寄り添い、市民のほうを見ながら報道すべきなのですが、現実はどうでしょうか。多くの場合、国民に寄り添うどころか、まるで官庁の広報機関のような報道に終始している。官僚の横にベッタリとくっついて、官僚から出てくる情報を丁寧な検証もなくそのまま垂れ流すだけ。

官僚が頂点に君臨し、官僚の〝筋書き〟に沿って政治家が政策を進め、その下で国民が負担増に喘《あえ》いでいるという構造で、一番上に立つ官僚の横にさらにマスコミが張りついている状態です。その結果、多くのメディアにおいて「増税は仕方がない」「財政均衡が大切」といった「負担増」キャンペーンが張られてしまう。

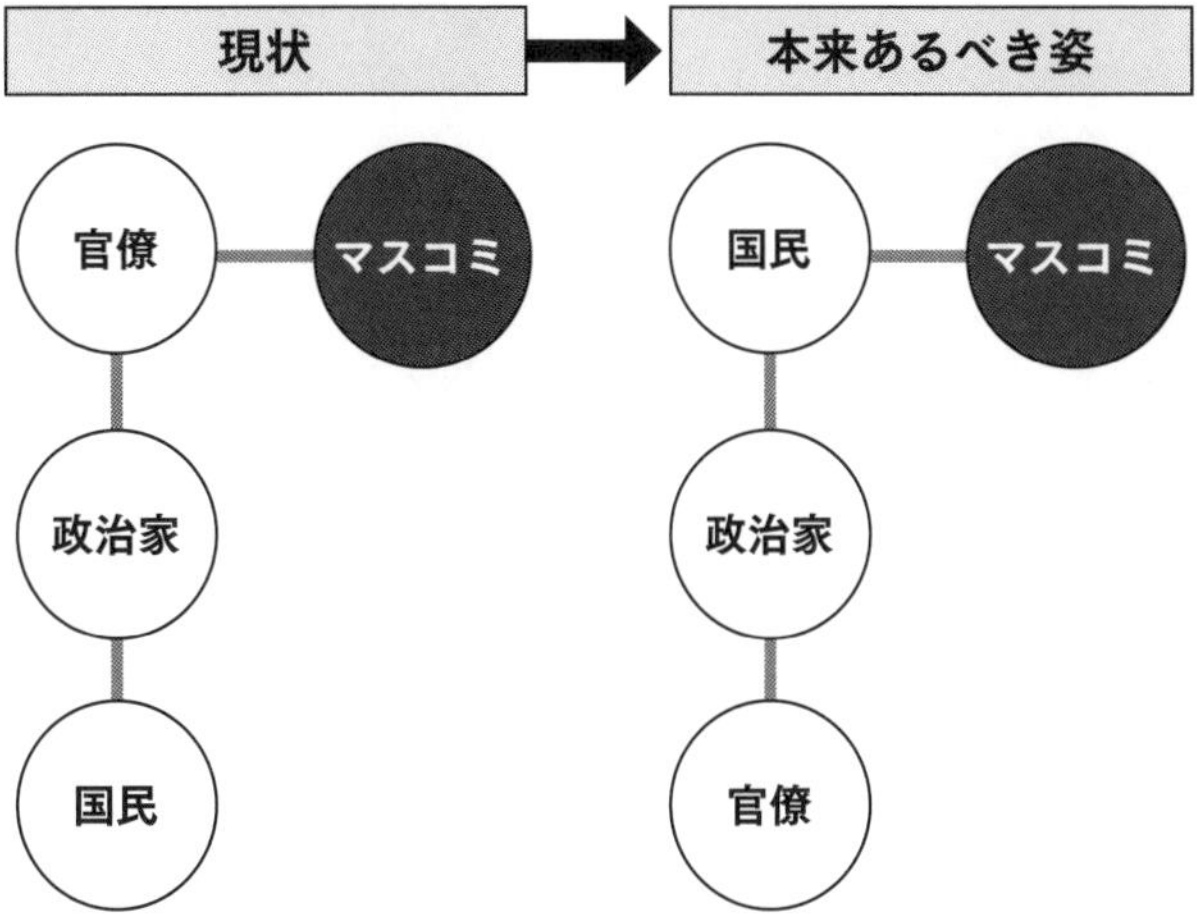

国民も、「官僚は賢い」「マスコミの情報は正しい」と勘違いしているから、結局は官僚の思うがままの方向に世論が誘導されている。

国民主権を本当に実現しようとするならば、この構造をそっくり逆転することが必要です。つまり、一番上に存在するのは国民で、国民に選ばれた政治家が官僚を動かし、国民のための政策を実現していく。マスコミは国民に寄り添い、国民の実態を見据えて、その声を拾い上げながら権力を監視し叱咤激励しつつ、政策実現に導いていく。

これが本来のマスコミの立ち位置であ

り、役割ではないでしょうか。

マスコミが維新の会を批判できない理由

私が、「地方行政の首長は、人事権と予算編成権、方針決定権を行使すれば政策を実現できる。副市長以下の職員が抵抗してくる場合に、対話なんかしたらあかん！」という立場を鮮明にすると、維新の会の手法と似ていると指摘されることがあります。

たしかに、大阪維新の会は既得権益による無駄な政策を削減して財源をつくり出し、子育て支援や教育の無償化へと舵を切っていますから、重なる部分もあります。しかし、維新の会と私の政治姿勢は根本的に異なります。それはマスコミとの関係を見るとよくわかるでしょう。

彼らは、マスコミをどんどん味方につけていきます。大阪府は２０２１年12月、読売新聞大阪本社と包括連携協定を結びました。教育・人材育成や産業振興・雇用、健康や環境などの8分野において、府民サービス向上などのために連携していくのだといいます。まさにビジネスパートナーのような関係になりました。そのような関係のなかで、果たして読売新聞は大阪府政を厳しく監視し、批判できるのかどうか、大いに疑問です。

地元の民放の放送局も似たようなもので、維新の会と緊密な関係を築いています。維新の政治家が出演しない日はないというような状態で、維新のPR番組のようになっている枠さえあります。四国のなかでは徳島だけ維新の影響力が強いのですが、徳島では在阪準キー局の民放が映るのです。テレビの影響が見事に支持率に直結しているのですから、維新のテレビ戦略はものすごく上手いのです。

維新のテレビ戦略に吉本興業が果たす役割も無視できません。維新と吉本興業の蜜月ぶりはよく知られていることですが、吉本興業の前会長だった大﨑洋氏は、退任直後の2023年に「大阪・関西万博催事検討会議」の共同座長に就任しています。今は活動休止しているダウンタウンの松本人志さんも万博アンバサダーを務めていました。

テレビに出演する人気芸人たちが維新をヨイショし、維新の政策に協力するのですから、大きなPRになります。吉本興業の関係者からは「個人的には泉さんのファンなんですけど、万博批判や維新の悪口の部分はちょっと勘弁してくださいよ」と言われます。彼らに維新批判や万博批判はタブーのようです。

維新は、自分たちの政策推進のために吉本興業の芸人さんたちの人気を利用し、吉本興業も自分たちのビジネスチャンスを拡大させていくのに維新の政治力を利用しているとしばしば指摘されていますが、そのとおりではないでしょうか。万博、つまり国民の税金を、維新と吉本興業が組んで食い物にしている構図が見えてきます。

新しい「しがらみ政治」を象徴する維新の会

ですから、重厚長大的・経団連的なしがらみ政治を象徴しているのが自民党で、吉本興業やベンチャー系などの新しいしがらみ政治を象徴しているのが維新、と理解するとわかりやすいのではないでしょうか。古いしがらみから新しいしがらみへ。どちらにしても、しがらみ政治であることに変わりはありません。

しかし、関西では大阪府知事と市長のポストは盤石ですし、大阪府内の首長の半分以上は維新所属の議員が占めています。確実に維新が選挙で勝っていっているのはなぜなのかを考える必要があるでしょう。維新が市政を支配することで、政策の方針転換が進み、子どもの教育無償化や医療費無償化などを実現させたことによって市民の生活が楽になったという実感につなげている。そこのリアリティの強さがあるから、維新は勝てるのです。

そのリアリティにおいては私が結成した「明石市民の会」も、もちろん負けていません。

2023年の統一地方選挙では、兵庫県内の各地の地方議会で維新の躍進が目立ちましたが、私の後任を選ぶ明石市長選挙では、明石市民の会が擁立した丸谷聡子さんが圧勝しています。明石市政の12年間で市民が感じたリアリティの勝利だと自負しています。大阪の寝屋川市長選でも、私が応援した現職が維新の候補に圧勝しました。

では、私たちが掲げてきた政策と維新の政策の何が異なるのか。大きな違いは、私たちは公助・共助派であること。第一章でも書きましたが、地域の子ども食堂などの共助の取り組みを、役所として縁の下から全面的にサポートするなど、共助を公助する発想を大切にしてきたのです。

一方、維新の政策の基本は「自助・自己責任」であり、小さな政府による新自由主義が根本にある。マスコミを利用する、しないといった方法論以上に、そこは政治姿勢としての大きな違いだと思っています。

地元メディアと市役所の「聖域」にメス

地元マスコミとの蜜月を利用して人気につなげていった維新とは違い、私の明石市長時代の12年間において、四面楚歌の4面のうちの1面がマスコミでした。マスコミを味方につけるどころの話ではありません。役人からのリークを嬉々として報じて、私のネガティブキャンペーンを繰り広げていたのが地元メディアでした。

これは、私が市役所とマスコミとの関係に少なからずメスを入れてしまったことと無関係ではないと思われます。当時の明石市は、市の関連施設の指定管理者としてマスコミ傘下企業に業務委託をしたり、市役所全体で地元新聞を大量に購読していたりと、ある種ウィンウィンの関係にありました。しかし私が市長になった途端、不要と思われる業務に関しては委託を切ったり、購読部数を縮減したりするなど、地元マスコミと自治体との「あうん」の呼吸で続けてきた「聖域」にメスを入れてしまったわけです。これがマスコミを敵に回した要因の一つになったことは想像に難くありません。

ですが、それも仕方がないと思っています。権力とマスコミは馴れ合いになるべきではないというのが私の信条。お互いの関係には一定の緊張感が必要です。

ところが、自治体が地元のテレビやラジオのスポンサーとなって番組枠を買うようなことが、どこの自治体においても当たり前のように行われてきました。たとえば、東京都もＴＯＫＹＯ ＭＸのスポンサーになって「東京インフォメーション」という東京都のＰＲを流すような枠を持っています。兵庫県もサンテレビのスポンサーとなって知事の様子をカメラに追わせて、活躍しているような演出とともに報道してもらうわけです。

そのスポンサー料は県民の税金です。ところが、行政は他のスポンサー企業と違って「値引き交渉」などもせず、定価のまま、つまり市場価格よりも高めの金額でマスコミに支払っている場合がほとんど。マスコミにとっては非常に美味しいスポンサーですから、ヨイショにも熱が入るでしょう。しかし、市民の税金を注ぎ込んで首長のＰＲ番組をつくらせるなんて、行政とメディアの関係として健全な形だと言えるでしょうか。

私は自分が市長になった時、「そんなもん、カネで買うものとちゃうやろ。税金なんて使わず、取材によってニュースで報道してもらえばいいだけやないか」と言って、ラジオもテレビも、番組のスポンサーから降りました。その時は、テレビ局やラジオ局の役員から「よろしいんでっか」と、まるで脅しのような電話がありました。しかし、やはりおかしいものはおかしいと考え、地元メディアとの〝お付き合い〟をやめました。

一方で、この章の冒頭でも書きましたが、マスコミの役割に対して、私は強い思い入れを持っています。ジャーナリズムやメディアの権力批判という役割を尊重しています。ですから、マスコミが市長である私を批判することを嫌だとは思っていませんでした。

ただし、批判するのであれば、きちんと取材してから批判してくれよ、と思っていました。彼らは私への取材などほとんどせずに、市の幹部や議会の多数派から情報を得ることが非常に多かった。市の幹部は「勝手なことばっかりで、人事異動もどんどんやっちゃうし、もうかないませんわ」と言い、議会も「なんの相談もなく、トップダウンですわ」などとマスコミに言うわけです。そうすると、マスコミには「有権者の代表者である議会と仲良くしない首長は悪い首長」との刷り込みがあり、権力者批判をしなければという心理が働きます。そして、トップダウンで何を実現したかとか、どういう状況があって方針転換をしたのか、それに対する市民の反応はどうか、といったこととは関係なく、「ワンマン市長の横暴」という切り口で批判してくるのです。

弁護士資格を持つ職員の採用にマスコミが猛反発

批判がとくに激しかったのが、私が市長になって1年目の2012年に、弁護士職員を全国公募した時でしょう。第三章で触れましたが、市営住宅の家賃滞納問題などの対応の時にも弁護士資格を持つ職員が活躍してくれたように、市政の現場では法的素養のある人材が一定程度必要だと思った私は、全国から弁護士資格のある人を募り、5人の採用を決めました。当時の自治体において、全国最多の採用数でした。

地方分権の旗手として知られる元三重県知事の北川正恭さんからは「地方独自の政策を進めていくためにも、法的素養のある人間が自治体には必要だ」と私の決断に対して評価をいただきました。しかし地元メディアは、それとは真反対に

「弁護士出身の市長が弁護士会に便宜を図って食い扶持のない弁護士を採用している」とネガティブキャンペーンを張って、ボロクソに叩いてきたのです。

役所の内部でも、弁護士資格のある同僚と机を並べて働くことに息苦しさを感じたのか、職員も抵抗していましたし、議会にも「なんで弁護士なんか雇う必要があるんや。議会を軽視しているのか」と意味不明なキレ方をされました。前例と違うことをやろうとすると、とにかくあちこちから抵抗されて叩かれる。

便宜を図るもなにも、一般職員と比べてそれほど高い給与を払うわけでもなく、常勤職員として働いてもらう以上は、自分の専門分野の業務に加えて、一般行政職員としてのさまざまな仕事も担ってもらっていました。社会福祉的な仕事の多い行政の現場に、法的素養を持った人が加わることで、できる支援の広さも深さも広がると考えたからです。

当時、日本の自治体においては、弁護士や医師などの専門的な資格を持った人が常勤職員として内部で働くのは珍しいことでした。多くの場合、外部の専門職と契約し、裁判などが起きてから相談に出向いていく、といったスタイルが一般的でした。しかし、それでは事後処理となってしまいます。行政が市民の側にアウトリーチしていって、問題が深刻になる前に適切なフォローができるならば、それに越したことはないのです。

ですから、ドイツやオーストラリアなどでは、弁護士がその法的知識を生かして自治体で働くのが当たり前になっていました。今となっては全国の自治体で弁護士の採用が進んでいますし、明石市でも2021年には常勤弁護士の数が私を含めて13名になっていましたから、この決断は正しかったのだと思っていますが、とにかく当時はマスコミのネガティブキャンペーンが凄まじかった。

2期目となる選挙の際、「泉が弁護士会に媚びて採用した弁護士をクビにします」というようなことを対立候補が公約に掲げたほどです。とはいえ、2期目も2万票以上の大差で勝たせていただきました。

内側から見たNHKの可能性と限界

このようにマスコミには随分と苦い水を飲まされましたが、私は今もマスコミの使命に期待し、その役割を果たしてくれることを願っています。なぜなら、私も若い頃、使命感に燃えてマスコミ業界に飛び込んだ一人だったからです。

就職活動では新聞社とテレビ局を受けましたが、最終的に選んだのはＮＨＫでした。映像の力を信じていたのに加え、私にはライフワークとも言うべき障害者というテーマがあり、ＮＨＫであれば視聴率とは関係なく、つくるべきものをつくらせてもらえるのではないかと考えたからです。実際、入社してまもなく障害者の姿を追ったミニドキュメンタリーをつくらせてもらいました。

ＮＨＫでは、災害と選挙の報道はＮＨＫの使命だと教え込まれました。つまり、みなさんの受信料で支えられているＮＨＫであるからこそ、民主主義の根幹である選挙の報道と災害報道、この二つについてはどんな大変な状況になってもＮＨＫが責任を果たすのだ、ということを教え込まれ、やはり腐ってもＮＨＫだな、と感心したものでした。

しかし一方で、お上意識の強さも相当なもので、政府批判は基本的にＮＧでした。私が就職活動をしていた1986年は、忘れもしません、ウクライナのチェルノブイリで原発事故が起きた年です。あの事故の衝撃を受けて、私は日本の原発を取材したいと考えていました。赴任先がNHK福島でしたので、東京電力の管轄である福島原発を取材したいと上司に掛け合いましたが、けんもほろろとはこのことか、というような対応をされました。当時、原発問題を扱うことはタブー中のタブー、「原発の〝げ〟の字も言うな」といった空気が漂っていたのです。

『朝生』とタブーと視聴率

結局、NHKは1年で辞めてしまい、パチンコ屋でモップがけの仕事などをしたのち、1988年に、今度はテレビ朝日の深夜番組『朝まで生テレビ!』(以下、朝生)の契約スタッフとして働き始めました。『朝生』は、その前年の1987年にスタートしたばかりで、異色の深夜番組として注目を集め始めていました。

その当時の企画の一つが「原発の是非を問う」というものでした。さすが民放の深夜枠、NHKでは叶わなかった原発問題を取り上げることができるのだと感心しました。実はこれがテレビ業界において初めて原発タブーを破った番組となったのですが、その反響は大きかった。

その後、原発企画第二弾や、天皇制を取り上げる企画も扱いました。天皇制は長年暗黙のタブーで、一方の原発は電力会社批判につながりかねないため、民放にとってはスポンサーとの関係における大きなタブーになっていました。原発と天皇という二つのタブーを破ることができたのは、「深夜なんか、大して誰も観ていないだろうから、やってしまえ」と思い切れる勢いが民放にあったからだと思います。

それに加えて、視聴率が取れていたことも大きかった。むしろ、これが一番大きかったというべきでしょう。民放に行って感動するほどびっくりしたのは、数字（視聴率）がすべて、という世界だったこと。朝出社すると、局の入口に前日の全番組の数字が張り出されていて、「何％達成！」などと書かれている。NHKにいた時は、視聴率にこだわるような発言のほうがむしろタブーで、「自分たちは視聴率を追いかけるような仕事はしていないのだ」という気質でしたから、民放はまるで真逆なので驚きました。つまり、『朝生』がこれだけ好き放題にタブーを破ることができたのも、数字が取れていたことが大きかったのだと思います。

当時の深夜枠というと、他の局では水着姿の女性が出るバラエティ番組などを放送していたわけですが、テレビ朝日はもともと教育系の流れを汲んだ局ですから水着路線には行かずに、『朝生』という討論番組を持ってきた。さらには、「深夜だし、討論なんてやったところで観る人そんなにいないよね」ということで、かなり攻めたテーマを放送すると、ものすごい視聴率を取るようになった。民放は数字がすべてですから、結果として、タブーにもかなり強気で食い込んでいけたのだと思います。

さらに当時の番組スポンサーはカメラの販売店だったと記憶していますから、報道系・社会派系のテーマはスポンサーとしても「ＯＫ」だったのでしょう。『朝生』で30年以上にわたって司会を務めてきたジャーナリストの田原総一朗さんとは、２０２4年3月に『去り際の美学』（実業之日本社）という対談本を出し、当時の『朝生』の舞台裏についても触れました。原発を取り上げた時も、電力会社の人を含め、賛成派と反対派を同数ずつ呼んできて、ドンパチやり合ってもらいました。突っ込んだ議論をテレビ番組の中で交わせるということが面白かった。テレビが元気な時代を象徴するような番組だったと思っています。

安倍政権によるテレビ支配

ＮＨＫと民放それぞれの特徴を踏まえたうえで考えてみると、ＮＨＫの体質には二つのポイントがあると感じています。

一つ目は、ＮＨＫは国民の受信料で成り立っているので、スポンサー企業などへの忖度を考える必要がないということ。もうひとつが、その受信料制度を決めているのは政府ですから、受信料を払ってくれる国民に対する使命に加えて、政府にも配慮せざるを得ないということ。政権批判に及び腰というのは入社当時から感じていましたが、近年、政府への忖度がどんどんひどくなってきています。

いまや、国民に尽くすという大義はどんどん弱まり、政府への忖度だけが強まっているように感じます。

一方の民放は、視聴率オンリーですから、今も昔も、見ているのはあくまでスポンサー企業の反応です。ですから、スポンサーさえＯＫであれば、ある程度のタブーも破ることができるし、政権批判もできました。

ところが、２０１２年に発足した第二次安倍晋三政権の時代から、政権によるマスコミ介入が露骨になっていきます。安倍首相（当時）がテレビ局や新聞社のトップを抑え、菅義偉官房長官（当時）がコメンテーターなどの有識者をしっかり抑え込み、官邸官僚が現場を締め上げる。さらに、２０１５年から16年にかけて、高市早苗総務大臣（当時）が「（偏った番組を流すような放送局には）電波停止も辞さない」と放送法を盾に露骨なことを言い出して、マスコミの忖度が一気に進みました。

放送法第４条では、放送事業者は「政治的に公平であること」と定められていますが、この公平性については、一つの番組ではなく事業者の番組全体をみて判断する、というのが従来の政府の見解・解釈でした。ところが、当時の高市大臣は、突如「一つの番組でも、極端な場合は政治的公平を確保しているとは認められない」と答弁して第４条の解釈を変更してきたのです。２０２３年に、総務省は「番組全体で判断する」と従来の解釈に戻した答弁をしていますが、政権の意向次第で公平性の解釈は変え得るとの印象を残しました。

自民党の裏金報道に見るマスコミの「姿勢」

私も、時々民放に呼ばれてスタジオで生出演したり、ＶＴＲ出演したりしていますが、いまや民放もＮＨＫに負けないくらい政権に忖度しているように感じます。かつては政権に対して物を申していたテレビ朝日やＴＢＳまでもが同様です。

たとえば、今般の自民党派閥の裏金問題についてもマスコミは大騒ぎしていたけれど、報じ方があまりに表層的でした。政府が騒動の幕引きを図ろうとした政治倫理審査会（政倫審）なんて、やるだけ無駄で無意味、そもそも偽証罪に問われない以上、非公開を公開にしたところで真実なんて出てくるはずがないのですが、そうした本質が報じられることはほとんどありませんでした。

多くの大マスコミには、本気で市民の怒りに寄り添い、金権政治の膿《うみ》を出そうというような志はなく、私みたいな人間は単にガス抜きとして使われているのかな、と感じることがしばしばあります。

その後の、政治資金規正法の改正案も同様でした。結局、「議員本人の確認書作成を義務づける」と、口では〝いわゆる連座制のようなもの〟と言いながら、イギリスの公職選挙法などで定められた議員の責任が厳しく問われて失職する本当の連座制とは程遠い文言を付け加えただけでした。肝心の企業や団体からの献金の禁止などに関しては何も手つかずの、見事にしょぼい改正案でしたが、マスコミは、公明党からも厳しく突き上げられて岸田首相がようやく動いた、というような筋書きで報じるだけです。

目線が決定的に市民のほうを向いていないのですから、市民の実感、市民の怒りの強さをまったく認識できず、ぬるすぎる報道になっている。そのことを象徴的に示していたのが、埼玉県議会で可決成立しかけていた児童の「虐待禁止条例」の改正案に対する大手マスコミの報道だったといえるでしょう。

大手マスコミの限界とSNSの力

2023年10月、埼玉県議会で審議された虐待禁止条例の改正案、別名「子どもの留守番禁止条例」に世論が沸騰しました。この改正案は、子どもだけで公園で遊ばせたり留守番させたりすることを「子どもを放置する虐待行為」とみなすトンデモ法案でした。

小学3年生以下は放置禁止、小学4～6年生までの保護者は努力義務だという。定員オーバーで学童保育に入れない子どももいるのに、放課後に子どもだけで過ごさせることを虐待行為とみなすのは、保護者に仕事をするなというのに等しい。しかも、保護者不在の子どもがいることに気づいた市民は通報せよ、という。まさに監視社会です。

こんなロクでもない条例であるにもかかわらず、大手マスコミは揃いも揃って「委員会で自民党公明党の賛成により可決、本会議でも成立の見通し」と報じました。

たしかに、10月4日に自民党が条例の改正案を提出し、2日後の6日には県議会の福祉保健医療委員会でわずか2時間ほど意見を交わしたのちに自公の賛成多数であっさりと可決していました。それを受けて、大手マスコミは成立が既定路線だと思い込み、「問題のある法改正ではあるが、本会議にて成立の見通し」としか報じなかった。

でも私は、その報道を見て、諦めるのはまだ早いと直感しました。そこで、「こんなロクでもない条例を通したらあかん。諦めるな、まだ変えられる。埼玉県知事に意見を届けるんや」とSNSでメッセージを発信しまくりました。

私には、絶対にひっくり返せるという確信があった。こんな理不尽な条例はおかしいだろうと思うのが、世の中の子育て層の普通の感覚だからです。育児中の親たちは、こんな理不尽な条例が成立すると知って激怒していた。「うちには小学校2年生の子どもがいるんだけど、私も働いてるし、放課後とか付き添えるわけないんだけど。そしたら通報されるわけ?」という声が山ほどある。その激怒を力に変えればいいだけです。私は、条例案をひっくり返すには二つのポイントがあるとSNSで呼びかけました。

つまり、与党の自公が埼玉県議会で過半数を取ってはいますが、自民党単独では3分の2に達してはいません。もしも大野元裕県知事が、「この改正案はちょっとおかしいのではないか。再検討してみては?」と再議をかけた場合、それでも改正案を通そうと思ったら議会の3分の2の賛成が必要になる。これが一つ目のポイントです。そして二つ目のポイントは、公明党が自民党に賛同せずに棄権すること。そうすれば3分の2を超えないので、改正案は止めることが可能になる。

私はSNSでこれらのことをすべて書きました。「知事が〝再議〟と言いさえすれば、そして公明党が〝もうちょっと考えたい〟と言いさえすれば止められるんや。諦めるのはまだ早い」と世論に呼びかけた。すると私のメッセージはまたたく間に拡散されました。具体的に止める方法さえ見つかれば、こんなとんでもない法案、子育て世代を中心とした市民たちが動くに決まっています。そして実際に世論が沸騰した。

子育て中の保護者たちが冗談じゃないと立ち上がり、6日の夕方からオンライン署名を呼びかけたところ、あっという間に数万人の署名が集まりました。県知事の元にも1000件を超える反対意見が寄せられたそうです。この民意を議会も県も無視するわけにはいきません。わずか4日後の10月10日、自民党県議団は改正案を取り下げることを発表しました。1、2日で空気を変えることができる。これが市民の力です。

「理不尽な条例ですが、成立やむなし」という論調で報じるだけだった大手マスコミは、やはり市民感覚からずれていると言わざるを得ません。ワイドショーで「ひどい条例ですね」などと言っているだけではどうしようもない。具体的に止める方法があり、市民にはその力があるんだということをなぜ報じないのか。この一連のスピーディな動きによって県議会を変えたことは、市民にとっての成功体験になりましたし、私自身も大手マスコミの限界とSNSの力を改めて実感した一件となりました。

「記者クラブ」と「政治部」は解体すべき

埼玉の一件は、マスコミよりも政治家のほうがよほど世論の風に敏感であるということを示したように思います。政治家は、世論の風向きが変わった瞬間に、「ヤバい！　子育て層を敵に回してしまう」と、一気に方向転換しました。そのあたりは、マスコミのほうが世論に疎かった。けしからんけれど、もう既定路線だから仕方ないね、というような論調に終始していました。

マスコミが市民目線を取り戻し、緊張感を持って権力の監視役としての役割を果たすためにも、記者クラブのような馴れ合い組織は廃止にしたらいいと思っています。記者クラブそのものが、まさに既得権益化している。特権的な集団に所属することで、おこぼれに預かって記事にするなど、民主主義の国のマスコミの姿ではないはずです。

その意味では、私は記者クラブおよび政治部廃止論者です。政治部なんて名ばかり、実態は「政局部」ではないでしょうか。誰と誰が飯を食ったとか、手打ちしたとか、どうやって金を集めているとか、追いかけているのは政局の話ばかり。そんなことは政治でもなんでもありません。そのような報道姿勢を続けるならば、政局部と名前を改めたらいいのです。自民党の旧派閥の力関係、与野党の駆け引き、総理の椅子に近いのは誰だのと玄人っぽい話で騒いでいるだけで、その人がどのような政策を掲げているのか、まともに取材しようとはしないのですから。

記者たちには、政治家の誰と人脈があるとか、官僚とのパイプがあるとか、そういった関係性で社内での自分のポジションを誇示しているような印象しかありません。

それなのに、テレビ局や新聞社で一番でかい顔をしているのは政治部。自分たちが時の権力に一番近いところにいると思い込んで、社内を仕切っている。取材と言ったって、政治家と会って一緒に寿司など食べつつ得た情報を垂れ流すだけ。自分たちが既得権益化しているという自覚なきまま、自分は偉いと錯覚しているのが政治部ではないでしょうか。かなり情けない状況です。こんな政治部、なくなったって市民は誰も困りません。

もちろん、政治家を取材する記者は必要ですが、その前提として、まずは市民の声をきちんと拾うべきです。その意味では、常に市民を取材している社会部記者たちが、現場で見聞きした市民の実態・実感を政治家にぶつけて、彼らの見解を引き出すのもいいと思います。政治家の周囲を四六時中ウロチョロして、一緒に寿司なんか食う必要はどこにもないでしょう。緊張感を持って、政治家と対峙してほしいと思います。

厳しいことを言いましたが、大手マスコミのみなさんには、記者クラブと政治部を解体するくらいの気概を持って、自らを既得権益化することなく、市民の生活に寄り添った報道をしてほしいと心から願っています。

第五章
「常識」という言葉に騙されるな

「ものを買う側」に光を当てる

ここまで、やや辛口なことをさまざまに書いてきましたが、実際のところ私は日本の現状にまったく悲観していません。むしろ、「今は夜明け前や」と思っています。

どんどん物価が高くなり株価も上がって、景気がいい業界もあるようだけれども、自分の生活はちっとも楽にならないな。政治家は相変わらず言葉遊びみたいなことを言ってるな。なんか社会がギスギスしているな。税金も社会保障費も負担ばかりが上がっているけれど、本当に財源がないのかな。みなさんのこうした違和感や直感が、とても大切です。

みんな、薄々気がついています。この世の中、当たり前だと思い込まされていたことが、当たり前なんかではないことに。失われた35年、既存のシステムにしがみついている間に、日本の「基準」が世界基準とは随分かけ離れてしまったことに。

日経平均株価が史上最高値を更新したといいますが、景気がいいのであれば、なぜ日本に暮らす一般市民の生活は苦しいままなのか。むしろ物価高が止まらず、苦しさが増している。株価というのは、ある種の「フィクション」のようなものです。株価は、経済的に好調であるかのように数字で見せかけられるトリックなので、政治家にとっては魅力的なのですが、ここに依存しすぎると一般市民の生活実感とはどんどん乖離していってしまいます。「株価が過去最高って、どこの国の話？　それ、私たちが暮らしている国のことじゃないよね」というのが、多くの一般的な庶民の思いではないでしょうか。

世界では賃金がどんどん上がっているのに対し、日本はようやく大手企業の正規雇用を対象にベースアップの動きが出始めたけれども、物価上昇のインパクトからすればまだまだ弱い。中小企業で働く人たちや非正規の人たちは、物価上昇の煽りをまともに受けて、さらに増税と社会保障費の負担増をくらってギリギリの綱渡りを続けています。

今、政治に一番求められていることは、ものをつくる側に偏ることなく、ものを買う側にも光を当ててお金を回していくことです。市民がお金を使えるようになって初めて、社会全体で経済が循環していくのです。

これまでにも述べましたが、世界の多くの先進国は、供給側に光を当てたり、需要側に光を当てたりと、その二つの間を行ったり来たりしながら経済を回してきたのですが、企業からの献金にまみれてきた日本の政治は、供給側である企業の側にばかり光を当てて、そこで経済を回そうとしてきました。ものをつくる側だけで潤沢に資金を回して内部留保で肥え太り、需要側であり働き手でもある一般市民のお金がむしろそちら側にグーッと引っ張られ続けて疲弊してきた。そういう状態です。

だから、一般市民にとっては、物価が上がり保険料も上がる、負担は上がるけれども給料は上がらない、使える金がないから物を買わない、その結果、社会全体にお金が流れない……という負の連鎖。

かつての明石市も似たような状況でした。市の中心である市街地は空洞化し、阪神淡路大震災以降は市の財政も悪化、毎年赤字続きで人口も減少傾向にありました。市全体に活気がなく街全体が衰退しつつあったのです。この負の連鎖を断ち切り、街に経済の好循環を取り戻すには、市民が使えるお金を増やすしかないと私は考えました。

とはいえ、市長という立場からは民間の給与を上げることはできません。減税しようにも税金の仕組みを触ることもできない。物価をいじることもできない。市長として触ることができるのはたった一つ、「諸負担」だけでした。だから、市民の負担を軽減することにしました。どこから負担を軽減するか決める際に、優先したのが子育て層でした。そして、医療費や保育料、給食費、乳幼児のおむつ代を無償化し、子どものための無料の遊び場を整備するなどの政策を打ち出していったのです。

「子育て支援策」重視への異議と抵抗

子育て支援に力を入れた結果、明石市の人口も税収も増えたため、その取り組みが注目されるようになりましたが、私はことさら出生率を上げようとか人口を増やそうということを目標に掲げていたわけではありません。なによりもまず、市民の負担を減らして市民がお金を使える状況にすることが目的でした。明石市の中でお金が回る流れをつくりたかったのです。

子育て層への支援を打ち出した当初、三方向から大きな反対の声が上がりました。まず一つ目が商店街のみなさんから。「子どもの遊び場を整備する前に、まず商店街のアーケードをつくれよ！」ということでした。それに対して私は言いました。「アーケードをつくったところでお客なんか来ませんよ。アーケードをつくることが商店街の目的ではないでしょ。お客に商店街に来てもらって金を使ってもらうことでしょ」と。「ちょっと待っとってくださいよ」とお願いしました。

二つ目の反対の声は、地元の不動産関係者や建設工事関係者から。前にも述べたように、子育て支援の財源を捻出するために市営住宅の建設をゼロにしたり、下水道工事を最小限にしたりするなど、公共事業の抑制に舵を切ったので、その反発はとても大きかった。ですが、ヨーロッパ諸国と比べると日本の自治体の子ども予算はわずか半分程度で、公共事業は逆に倍近い。

そもそも、〝子どもに冷たく公共事業に甘い〟という日本の自治体の予算配分のほうがおかしいのであって、私は公共事業を3割ほど削減し、子ども予算を倍にして、おおよそヨーロッパ並みにしようと言っているだけなのです。業界の人たちには怒られたけれど、「明石は災害も少ないし地域も狭いのだから、そこまで予算は必要ないのです。いつまでも公共事業で食っていける時代と違いまっせ。これから明石の価値を上げていくので、少し待っとってくださいよ。それで、ちゃんと民間で儲けたってください」と説得しました。

三つ目の反対が高齢者たちからでした。「子どもばかり優先して、高齢者を差別するのか!」と怒ってきたけれど、「ちゃんと高齢のみなさんの無償化も実現しますから、待っとってください」と説明した。「嘘つくな! 騙されないぞ!」と当初は言っていましたが、さて、どうなったか。

駅前ビルを子どもたちのために再開発

まず、明石駅前の再開発計画のなかで、駅前の一等地にもかかわらず、利便性をうまく生かせずに幽霊ビルのようになっていた場所の活用法の見直しに着手しました。当初は建物の半分に市役所機能の3分の1を移転させ、残りは消費者金融やゲームセンターなどを入れるというような案になっていましたが、まずは広報誌を使って市民の要望を聞くことにしました。アンケートの結果、多く出てきたのは「図書館」、そして「子育て支援施設」を希望する声。やはり私の予想どおりの結果でした。

そこで計画を大きく修正、「本と子どもとユニバーサル」という3つのキーワードを掲げ、子どもと本を中心に誰もが集まりやすいビルを目指すことに。ゲームセンターなどはやめたうえで、市役所部分の面積もさらにコンパクトにしました。機能をギュッと集約させたワンストップで市民サービスを提供できる窓口を土日も夜間も開けて、少数精鋭で質の高い住民サービスを提供し、市民にとても喜ばれました。

他の3つのフロアには、駅の反対側にあった図書館を移転させ、さらにジュンク堂書店も誘致しました。当初は「図書館と書店が同居するビルなんて、書店が潰れるに決まっている」と周囲の大反対に遭いましたが、相談に伺った日本図書館協会と東京子ども図書館の松岡享子さんからは「書店と図書館が同居するビルは世界では珍しくない。大正解だと思いますよ」と太鼓判をいただき実現させました。さらに、いただいたアドバイスどおり書店と図書館で置く本を棲み分けるなどの工夫をしたところ、本好きの集まるビルになり、どちらも大繁盛。明石のジュンク堂は売り場面積当たり県内トップの売り上げを記録するまでの人気書店になっています。

一方の図書館は、移転前にもそれなりの広さがありましたが、移転後は面積4倍、椅子の数3倍、蔵書数は2倍に。「椅子が足りない」「長時間勉強していると追い出されてしまう」といった若者たちの声を参考に規模を拡大したところ、どの世代の利用者もゆっくりと滞在できる図書館になりました。

さらに、別のフロアには0歳から小学生までを対象にした遊び場や、中高生たちが自由にスタジオなどを利用できる「ユーススペース」などをつくり、無料で使える楽器なども揃えました。子どもの遊び場にはボーネルンド社の大型遊具を取り揃えました。

大切なのはどれも無料で利用できるということ。金持ちの家の子も、貧乏な家の子も、一緒に遊べる空間にしたかった。その結果、さまざまな家族連れや若者たちが集まるビルになりました。

似たような民間の遊具施設は30分で600円から700円くらいかかります。親子で90分も遊べば4000円近くかかってしまう。それが全部無料。さらに別フロアにある図書館に行けば絵本が無料で読み放題です。民間の遊具施設で遊んで、絵本を2冊も買えば7000円から8000円くらいかかってしまうのが、明石の駅前ならば無料。毎日親子で遊びに来ても無料です。

そして、お金を使わずに遊べるとなれば、浮いたお金をどうやって使おうかと考えるようになります。

たっぷり遊んでお腹も空いたから、帰る前にご飯でも食べようか、靴や服が小さくなってきたし、ちょっと買い替えようか、という話になる。そこで、明石駅前にファミリー層向けの店が増え始めました。閑散としていた明石駅前が、いきなりファミリー層の集う場所になり、地元の商店街にもお金が落ち始めたのです。そして、明石市は子育て層にやさしい街だという口コミも広がりました。

人口増と税収増は「結果論」

結果として、市長在任中の12年間で明石市の人口は5％増え、いまだに増え続けています。不動産の実勢価格もほぼ2倍になりました。商店街の人たちも、建設業界も不動産業界も、みんな笑いが止まりません。税収もアップしましたから、高齢者の医療費も一部無料化にし、バス代も無料に。全国では有料化の流れですが、明石市は高齢者にも続々と無料化策を打ち出しました。

私に「嘘つくな！」と怒っていた高齢者の市民の方々も、「市長、待った甲斐があったわ！」とみなさん笑顔になりました。三つの反対勢力、みんなひっくり返した。つまり、子ども施策は経済対策でもあるのです。単なる福祉政策ではないのです。市民の手元にお金を残すことで、地域全体の経済を回したのです。

コロナ禍における国からの交付金の使い方も同様です。タクシー業界など、コロナ禍の影響で困っている業界に補助金を出した自治体も多くありましたが、明石市はそんな一瞬で終わってしまうような補助金の使い方はしませんでした。

人口約30万人の明石市に10億円の交付金が出たことがありましたが、それを人口30万人で割って一人3０００円の地域商品券を配布しました。タクシー業界からは「兵庫県でタクシー会社に補助金をくれないのは明石市だけや！」と怒られましたが、地域商品券に変えて全市民に配布した。

この地域商品券は明石市の１４００店舗で使えるようにしました。もちろんタクシー会社も対象です。ひと家族５人であれば1万５０００円。普段は乗らないタクシーも、ちょっと使ってみようかなと思うでしょう。一度乗ってみたら、あ、これは便利だと気づき、次の通院の時は自腹で乗るかもしれません。

「30万人の明石市民をタクシーの顧客にしようとしてるんや、いっときの補助金とどっちがええと思う？　他の街より明石のほうが、タクシー会社にやさしい政策になってるはずや！」とタクシー業界の人には説明しました。結果として、「普段乗らない人たちがタクシーを使ってくれた」と大喜びしていました。

さらに大切なポイントは、そうやって経済が回ると税金として返ってくるので、行政の財源が増えるということ。そこでまた市民に還元していく。ぐるぐるとお金を回すことが大切です。税収が増えているからこそ、高齢者にも無料化の政策を届けることができたのです。

誰もが取り残された気持ちにならないこと、社会の誰もが笑顔になれる政策であることが重要です。そのことが巡り巡って社会の不安要素を減らして、社会全体を元気にするからです。

法律分野と福祉分野の連携を強化

その意味で、明石市として力を入れている政策の一つが「更生支援」でした。

人間、誰しも時には失敗することがあります。

人は、いつも必ず正しく振る舞えるわけではありません。過酷な状況に追い詰められて罪を犯してしまうこともある。あるいは、なんらかの障害を抱えていて、そのことが理解されずに適切なフォローを受けられず、結果として罪を犯してしまう人もいます。そうした人たちが刑務所を出て社会に復帰する時に、あたたかく「お帰りなさい」と声をかけられる街にしようと思ったのです。

２０１６年、明石市は全国に先駆けて「明石市更生支援ネットワーク会議」を発足し、２０１９年に全国初の「明石市更生支援及び再犯防止等に関する条例」を施行しました。法務省からも出向してもらい、国の全面支援を得てつくった条例ですが、法律の専門家だけでなく福祉の専門家も入れて、侃侃諤諤《かんかんがくがく》の議論をしながら内容を詰めていきました。

法律家が使いたがるキーワードは「再犯防止」、つまり社会防衛だとか再犯させないといった発想で、一方の福祉職の人たちのキーワードは「更生支援」、つまり立ち直り支援、生き直し支援であり、「下から支える」発想。視点が大きく異なるため、議論は白熱しました。法律家は、根拠なく介入するのはよくないというスタンスですが、福祉は根拠があろうがなかろうが助けが必要な人には寄り添う。スタンスも目線もまったく異なるのです。

更生支援だけでなく、離婚や養育費の問題、児童虐待や成年後見制度の問題など、法律分野と福祉分野の狭間に落ち込んでいるテーマが日本はとても弱い。たとえば、離婚した親からの養育費未払いなどが発生したり、児童虐待が判明したりしても、すべては法務省の管轄となり、必要最低限の支援はするけれども積極的に介入しようとはしません。成年後見も、「この制度を利用したければ、自腹で裁判所に申し込んで」というスタンスが基本です。

しかし、福祉が強いドイツなどは、認知症の可能性がありそうだといった情報をキャッチするとすぐさま法律家が家庭訪問し、支援が必要だと判断したらすぐに福祉職へとつなぎます。法律と福祉の連携が重要なケースは少なくありません。

日本では、明らかに知的障害や精神障害などのハンディがありながら、そうした障害に気づいてもらえないまま罪を重ね、服役している受刑者が少なくありません。これは本来、司法で裁く前に福祉で対応すべきテーマです。

私自身も弁護士でありつつ社会福祉士なので、その二つの視点を持っているのですが、法律と福祉の両面の可能性と限界を踏まえながら、そこをつなぎ合わせるような作業をやってきたのが明石市の特徴であり強みであると思っています。

ですから、「更生支援及び再犯防止」の条例に関しても、福祉と司法で五分五分のスタンスを示しつつ、福祉のほうにより一層の思いを込めて名称の前半に「更生支援」を持ってきたという経緯がありました。

弱者や子どもに徹底的にやさしい街

明石市には、神戸刑務所という全国五指に入る大きさの刑務所があります。今、日本の刑務所では再犯者率の高さが問題になっており、検挙された人における再犯者の割合は、2020年には49・1%と5割に迫りました。

つまり、今や検挙された人の半分近くは、すでに前科がある人なのです。再犯者率の上昇は、初犯者の数が減少していることが要因の一つではありますが、出所後の社会に居場所を見つけられず、再び罪を犯して刑務所に入ってしまう人が少なからずいるということです。

あるいは、先ほども少し述べましたが、知的障害や精神障害のある受刑者はとくに、出所後の更生のハードルが高いといえます。市の職員や保護司などと一緒に社会全体で支援しようという意識を醸成することが大切です。出所者を「おかえりなさい」と迎え入れて応援できる明石市にする。その思いを形にしたのが、前述した条例だったのです。

そうした明石市の姿勢を象徴するできごとがありました。出所を1週間後に控えた受刑者たちと一緒に、地域の人たちが草むしりを行うという長らく続けてきた取り組みがあったのですが、ある時、脱走事件が全国ニュースで大きく報じられ、それを受けて、「受刑者を出所前に刑務所の外に出すな」という世論の流れになりました。

ところが、明石の人たちは、「そんなん、かまへんがな。1週間後には刑務所から出ると決まっている人たちや。毎年一緒にやってきたんやから、今年も一緒に草むしりしようや」と率先して言ってくれたのです。

こういう街の空気は一朝一夕に生まれたものではありません。それまでも、刑務所の中でバザーを開催したり、刑務所の体育館を柔道大会で使わせてもらったり、災害時に刑務所を市民の避難所とする協定を結ぶなど、地域と刑務所との連携はさまざまな形で進められていました。

だからこそ、出所者の更生支援を謳った条例も市民は前向きに受け入れてくれましたし、さまざまな困難を抱えた子どもの受け入れ窓口である児童相談所（「明石こどもセンター」）をJR大久保駅の駅前一等地につくった時も、反対の声など一つも起きなかった。東京の港区南青山に児童相談所がつくられると決まった時、地元の住民の間で反対運動が起きたと聞いていますが、明石市ではそのようなことは起きませんでした。私は「一番ええ場所に子どもの命を守る施設をつくるんや。これは明石の誇りや」と訴え、議会でも全員一致の賛成でした。

「罪を犯した人は、どっかに閉じ込めてしまえ」「児相なんかできたら土地の値段が下がるから反対や」というような声が出てこない街、弱い人や小さい人にあたたかい街、それが明石の誇りであり強みであると思っています。

大切なことほど現場に近い人や当事者が決めるべき

明石市の取り組みの一端を紹介したのは、悲観的になって「日本の先行きは暗い」「こんな政治はもうダメだ」とグチばかり言っていても仕方がないと思うからです。冒頭でも、「夜明け前や」と書きましたが、まだまだ「これから」です。「自分たちの社会は自分たちで変えていける。変えるための知恵をみんなで出し合いましょう」と言いたいのです。

人口わずか30万人の中核市である明石市にできたことは、日本全国、どこの地域でもできるはずです。市民に最も近いところで、市民の顔を見ながら政治ができるのは地方自治体ならではの醍醐味《だいごみ》です。市民のつらそうな顔を安心な顔に、悲しい顔を笑顔に変えるために、市民も役人も政治家も、お互いに知恵を出し合うべきなのです。

それらの知恵は現場にあります。中央省庁の机の上からは生まれません。今は地方から集めた税金を国が一旦巻き上げてから地方に戻していますが、戻す際に使い途についてさまざま口を出してくるのは、この本の前半で述べたとおりです。本来は財源自体を地方に移譲し、地方のことは地方に任せたほうがいい。

たとえば教育。細かい内容まで文科省に仕切らせる必要などありません。かつては村の寺子屋が、その地域の子どもたちの教育を支えていました。今は、「国家が必要としている労働力を効率よく育てる」といった発想で、「この科目をこの時点で何時間勉強しなさい」などと文科省が口を出してきますが、そんなことは現場の教育者の良識に委ねたほうが、よほどいいと思っています。

大切なことほど、現場に近い人たちや当事者が決めるべき、というのが私の信条です。かけっこに参加した弟の満面の笑みから、子ども時代の私が学んだことです。弟の幸せは弟が決める。兄としての自分の傲慢さを思い知った痛みの伴う記憶ですが、大切なことを弟が全身で教えてくれました。

ですから明石の市長として、「明石市のことをわかっていない国が勝手に決めるな。明石のことは明石が決める」という姿勢を貫いたのと同様に、明石市の各地域においても、それぞれの地域の人たちが自分たちで考え、自分たちで予算の使い方を決められるように組織を整えました。

明石市内には28の小学校区があるのですが、その28校区単位で自治会や町内会、子ども会、ＰＴＡなどをすべて再編してコンパクトな地域ネットワークを組織し、そこに予算をおろしていくようにしたのです。つまり、同じ明石市内でも、28の校区でそれぞれに事情が異なります。高齢化率が4割の地域もあれば、2割にも満たない地域もある。農地が多い地域もあれば商業が盛んな地域もあります。道路事情も地域ごとに異なる。

それぞれに異なる28校区すべてに対して、「俺が明石市長や。俺が明石のことはよくわかっているのだから従え」とばかりに一律に押し付けるのではなく、自分たちの地域の予算の使い方は自分たちで決めてください、と各28校区にまとまった予算を渡したのです。

「ガードレールのところに照明をつけよう」とか「子ども会の活動の活性化のために使おう」とか、それぞれの校区で自分たちの課題を考え、自分たちで話し合ってお金の使い途を決めてもらうことにしました。当事者の選択権を保証することこそ、政治の役割です。行政としては、それぞれの校区の活動をバックアップするための組織を立ち上げて、地域活動支援などの実務が得意な人に入ってもらいました。まさに共助を公助する取り組みです。

明石市の最大の強みとは？

実は、市長就任1年目に、これらの28校区を回ってみたところ、どこに行っても、町内会や老人会や子ども会などがバラバラに「あれが足りない」「これをやってくれ」と言ってきたのです。「ここに照明をつけろ」「活動をもっとやりやすくしろ」などと文句とともに注文を並べてくるので、「地域のみなさんで話し合って、各地域での優先度を決めてください。優先度1位のことからやりましょう」と提案したのが、この取り組みのきっかけです。

それを聞いた市民は当初「どれも全部市長がやれよ」と怒っていました。しかし、「今はやりたいことを全部できる時代じゃありませんよ。校区ごとに優先度の高いことをみんなで議論して決めてください」と説明して納得してもらい、数年かけて校区内のネットワークを強くしていったのです。

第一章で子ども食堂について少し触れましたが、安倍晋三元首相は「あなたは一人ではありません。こども食堂で共にテーブルを囲んでくれるおじさん、おばさんがいます」というメッセージを2016年に子どもたちに向けて発信していました。つまり「地域のみなさんで頑張ってね」ということで、これは行政の責任放棄、民間への丸投げではないかと批判されました。

事実、民間の善意の人たちがお腹を空かせた子どもたちのためにどうにかしようと、子ども食堂の開設に奔走しなければならないような状況を引き起こしたのは行政の怠慢以外の何物でもありません。本来、公助でやるべきことができていないから、共助の力が必要になっている。そうであればこそ、共助を公助する仕組みが重要だと考えて、地域の人たちが活動しやすいような環境整備に、明石市として予算と人を投入したということです。

ちなみに、以前は、市役所の天下り先としてそれぞれの校区の事務担当のポストがあったのですが、「これまでどおり市役所の職員のほうがよければ人を出しますが、もしも地域で人望のある人がその役割を担えるのでしたら、自分たちの地域で採用してもらって結構ですよ。人件費は出しますから」と提案したところ、多くの校区で「ほな、天下りはいらんわ、自分たちでやる」と言ってきた。しかも、「そんな高い人件費はいらんで」というような校区が多く、浮いた予算を地域の活動に回すことができたのです。

一番現場に近い人、つまり当事者が自分たちで自分たちの地域のために適正に予算を使い、活動していく。この活動を行政がバックアップする。共助と公助が現場でタッグを組んできたことが、明石の最大の強みになっていると感じます。

ちなみに、私は物言いが強いので傲慢でワンマンだと思われやすいのですが、実際には権力集中ではなく「地域分散の現場主義」で一貫しています。「地域のことは地域で決めてくださいね、行政は全力でサポートしますから」という姿勢を徹底してきましたし、そのことを明石市民も理解してくれているので、地元で私を独裁者だと思っている人はいないでしょう。

制度を変えるより人を替えろ

これまでの常識にとらわれず、少し角度をずらして世の中を見てみると、暮らしをよくしていくための糸口は社会のあちこちにあるのだと気づかされます。

財務省を中心とした官僚の説明を鵜呑みにせず、行政の「横並び」「前例」「お上」主義に惑わされることなく、自分たちの社会を変えていける可能性に気づき始めた人たちが、全国各地でさまざまな声を発信しています。ＳＮＳという強力な武器を使えば、ローカルな情報も無料で得られますし、無料で発信できます。子どもだけの留守番を禁じるような埼玉のトンデモ条例を、一人ひとりの怒りのつぶやきが大きな力となって廃止に追い込んだように、政治の世界でも地殻変動が起きつつあるように感じています。

自民党派閥の裏金問題が大騒動に発展しましたが、その後、自民党から出てきた政治資金規正法改正案が「連座制もどき」レベルだったお粗末さが示しているように、政治とカネの問題は制度の問題であると同時に人の問題でもあります。本気で改革しようとするのであれば、人を替えたほうが早い。なぜなら、既存制度で恩恵を受けている人が、自分たちの首を絞めるような制度に変えようとするわけがないからです。

政治家は、国民の首を絞めるような制度は平気でつくるけれども、自分たちが少しでも損をするような制度は断固として拒否します。そうであるならば、実現可能性で考えると、今の政治家に制度改正を迫るよりも、人を入れ替えるほうが簡単かつ早いでしょう。一人一票の選挙で人を替えればいいだけですから。

金権政治をするような人ではなくて、業界や団体のしがらみを一切持たない人を選挙で選べばいいのです。お金の力を借りなければ選挙に通らないような人が淘汰され、しがらみのない人が選ばれていけば、お金がらみで政策が歪められていくような現行制度はサッサと変えていけるでしょう。繰り返しますが、制度を変えるよりも人を替えたほうが断然早い。

さて、その際に立ちはだかるのが、現職に有利な公職選挙法です。

現職に有利な公職選挙法

供託金の高さも問題ですが、それ以上に問題なのは、日本の選挙制度の期間の短さです。諸外国の選挙制度は、日本のように選挙直前に一斉スタート（都道府県知事選挙は17日間、衆議院議員選挙は12日間、一般市の市長選挙・市議会議員選挙は7日間）するような規制だらけの選挙ではありません。自由闊達に政策論争を繰り広げ、それなりの期間をかけて有権者たちに政策を訴え選挙の日を迎えています。

ですから、「選挙には金がかかる」という常識もウソです。選挙だけであればお金なんてかかりません。わずか7日程度の選挙期間に、なぜ多額の選挙資金が必要になるでしょうか。選挙期間中は配ることのできる法定ビラの枚数も限られていますし、あちこちで自由にイベントを実施したりすることもできません。やれることは非常に限られています。

ちなみに、なぜ日本の選挙がこれほど規制だらけなのかというと、理由は簡単です。現職にある人たちが公職選挙法をつくってきたからです。長年、議員という特権的な椅子に、語る言葉もないまま座り続けてきたような人たちが、言葉を語らなくても戦える選挙戦、いわゆる「地盤(＝人脈)・看板(＝知名度)・カバン(＝資金)」を持っている現職に有利なルールをつくって、自分たちの椅子を守ってきただけの話です。

日本の常識は世界の非常識ともいうべき理不尽な公職選挙法は、見直したほうがいいでしょう。買収行為は禁止すべきですが、あとは自由化すればいいと思います。志のある新しい政治家がまっとうに政策を訴えて、選ばれていく選挙にすべきです。

今回の派閥裏金問題に絡んで、政策活動費が選挙の裏金として使われていたのではといった疑惑も取り沙汰されていますが、選挙の前から、事務所を構えて人を雇い、自分の宣伝にお金をかけようとするから、まとまった資金が必要になるのでしょう。

純粋な選挙活動のためだけであれば、お金はそんなに必要ありません。たとえば、2023年の明石市議会選挙では、当時私が代表を務めていた「明石市民の会」が5人を擁立して全員当選、しかも上位4位を独占という圧勝を果たしましたが、5人のなかには、総額50万円程度で当選した者もいます。

2024年4月の3つ（うち2つは不戦敗）の補欠選挙や、5月の都議補選、静岡県知事選や、6月の港区長選ではいずれも自民党が負けました。古い政治にノーを突きつける動きが顕著になってきています。お金をばら撒いて票を集める時代とは明らかに変わってきているのです。

たしかに公職選挙法は現職与党に有利ではありますが、そのルールのなかで、私は現職を破って明石市長となり、その後も2回の明石市長選挙を勝ち抜いてきました。各地でも、古い政治家を破って新しい政治家が次々と生まれている。有権者としても、止まらない円安に物価高で息も絶え絶えなのに、政治家は相変わらずの金権まみれで、我慢の限界にきている、いい加減にせえよ、ということでしょう。

一番勝ちやすい「シーソータイプ」選挙

古い政治をどうやって終わらせていくか。ここで簡単に、選挙についての戦略的な話をしたいと思います。

選挙には棒グラフタイプと円グラフタイプとシーソータイプ（〇×タイプ）の3種類あるというのが私の持論です。

棒グラフ選挙というのは、市議会議員選挙のように50人くらいが立候補して30人が通るような選挙です。国政選挙でいうと参議院の比例代表選挙のようなイメージ。大勢が立候補して、営業成績を棒グラフで競い合うような選挙で、同じ政党の中にもライバルがいるから、きちんと名前を覚えてもらって書いてもらわなければならない。これは時間もお金もかかる、一番効率の悪い選挙といえます。みなさんが「選挙は金がかかる」という時にイメージする選挙は、おそらくこのタイプでしょう。

次に円グラフ選挙。これは定数が3、4名くらいの参議院の選挙区選挙をイメージしてもらうといいでしょう。あるいは都道府県議会選挙などもこのタイプ。円グラフ的に、有効投票数において一定のパーセントを取れば勝てるという選挙です。定数が4であれば、自民党や立憲、維新の公認候補などの属性さえあれば、政策が何であろうと一人はほぼ確実に通せる。その属性は政党に限りません。たとえば、男性候補者だらけのなかで女性候補者が一人だけだとか、あるいは政党がらみの候補者ばかりのなかで無党派であるとか。そうした属性によって得票が見込める選挙ですので、棒グラフ選挙よりは楽に戦うことができます。

そして、一番楽なのはシーソータイプ（○×タイプ）の一騎打ち選挙。首長選挙がまさにこれです。勝つのは一人だけで比例復活のようなシステムもありませんから、相手がノーであれば自動的にこちらに軍配が上がる。あちらの候補が嫌ならこちら、と投票する側にとっては二択しかありませんから、まさにシーソー、マルかバツかのどちらか。

もちろん、候補者が複数乱立すれば二択とはいきません。現職を批判したくても、その批判票の受け皿がいくつもあれば投票先は割れるでしょう。しかし、一騎打ちで二択にさえ持ち込めれば、向こうが嫌ならばこちらを選ぶしかないのですから、属性などなくても、そして知名度などなくても勝てるのです。

選挙戦略でわかる政権交代への本気度

ですから、たとえば「古い政治チーム」と「国民の味方チーム」のどちらを選ぶ?というような一騎打ちの構図に持っていくことができれば、全国の小選挙区で現職を倒せる可能性が一気に高まる。であればこそ、立憲だの共産だの維新だのといった党派色は一旦棚上げし、原発政策や外交などの政策論争も一旦ストップさせて、古い政治を倒すカラフル連合を組めばいいのです。

そもそも、自民党内の議員たちこそ、政策など一致していません。外交にしろエネルギー政策にしろ、党内には右から左までずらりと揃っています。いえ、むしろ自身のポリシーをきちんと持っている政治家のほうが少ないでしょう。彼らを結びつけているのはただ一つ、権力を持つ手段としての政党だということ。

こんな与党を相手に、野党同士が細かな政策で割れていては、勝てるわけがありません。まずは、候補者を一人に絞り込み、与党との一騎打ちに持ち込むことです。

なぜ議席が一つしかない小選挙区で候補者が乱立してしまうのかというと、候補者がそれぞれ比例復活を狙っているからです。知名度を上げて、小選挙区では無理でもブロックの比例復活で当選したい。そのために、自民だろうが立憲だろうが維新だろうが、通りやすそうな党派から立候補したいと思っているだけ。実のところ、「どこの党派でもいいから、とにかく議員のバッジを手にしたい」というような議員が少なくないのです。そして、野党各党も、本気の政権奪取よりも党勢拡大を優先しているから、小選挙区にも比例名簿の重複候補者をどんどん立てて選挙を党のアピールの場にしているだけ。そんなことをしているから結果的に自民党を利することになっているのです。

そうではなく、「政権交代をして国民を救おう」という大きな目標を掲げて一騎打ちすれば勝てる状況に近づいてきている今こそ、本気で古い政治を終わらせるべきです。

そのためにも私が提案したいのは、野党は重複立候補をやめることです。小選挙区に立候補する人は比例名簿には載せないように、野党で協定を結べばいい。そうすると、落ちても比例復活で……などという甘い考えは通用せず、小選挙区で必ず勝つという意気込みで立候補しますから、結果として与党との一騎打ちという形に持っていきやすくなるのです。

地盤も看板もカバンもなくても政治家になれる

少々、選挙の細かい話になってしまいましたが、なによりも言っておきたいのは、民主主義というシステムは、やはり美しいということです。

金持ちも貧乏な人も、障害のある人も大企業の経営者も無職の人も中央省庁のエリートも、誰もが命に等しい一票を持っている。今はやや機能不全に陥っている制度ではありますが、だからといってそれを嘲笑しているだけでは未来は開けません。

さらに言うならば、一票を投じる側だけでなく、投じられる側に立つという選択肢も、等しく開かれています。もしもこれを読んでいるあなたが、今の政治に憤りを感じているならば、この社会を少しでもよくしたいと思うのならば、それだけで十分に政治家向きだということです。

地盤も看板もカバンもなくても、政治家になれます。むしろ、地盤も看板もカバンもない一般の人たちが政治を担うようにならなければ、日本はこの先も変われないでしょう。

今を新しい時代の夜明けとするのか。あるいは、これまでのしがらみにとらわれたまま、徐々に日本が沈みゆくにまかせて、不毛な椅子取り合戦に明け暮れるのか。選択肢は私たち一人ひとりの手の中にあります。

おわりに

今は日本の夜明け前です。希望の時代の始まりです。

どんな人間が政治家になろうが総理になろうが、人口は勝手に増え、経済は成長し、市場も回っていた昭和の時代。あの右肩上がりの時代が終わって30年以上が経ち、社会がものすごい勢いで変わってきたのに、永田町だけはまるで時計の針が止まったかのように政局に明け暮れ、国民目線は置き去りのまま。

小手先、口先だけの「身を斬る改革」やら「内閣改造」やらが茶番のように繰り返されている間に、貧困率もジェンダーギャップ指数も先進国最低レベルを更新、いよいよ崖っぷちにきているなあという実感だけが深まります。

これだけ読むと改めて、希望なんてどこにあるのか、と思うことでしょう。

それでも、やっぱり希望はあるのです。冷たい明石の街を、あたたかい街に変えることができたように、国民目線を持たない冷たい国を、あたたかい国に変えることは必ずできる。それを成し遂げるのは、私たち一人ひとりです。

明石の街を変えたのは、明石市長の私ではありません。明石の街をあたたかな街へと育て上げたのは一人ひとりの明石市民です。これはきれいごとでもなんでもなくて、実際にそうなのです。私のような人間を信じてくれた明石市民が、自分たちの手で明石の街をつくり変えた。

数年前の市長室での会話録音がマスコミにリークされて切り取りで報じられ、「暴言市長」との批判を受けて2019年に辞職した時、「もう一度、戻ってきてくれ!」と駅前で署名を集めたのは、明石の普通の市民たちでした。

子ども連れの30代の母親が立ち上がり、駅前で「今度は私たちが助ける番」と書いたスローガンを掲げて署名活動に加わるなんて、誰が想像したでしょうか。最後までマスコミは、「あんなものは、どうせ仕込みだ」と思い込んでまともに報道しませんでした。お金も利権も関係なく、人が政治のために動くなんてことがあるはずはないという思い込み。

金まみれの政治を批判しているマスコミが一番、金まみれの発想に毒されているんじゃないかと疑いたくもなります。

かくいう私も、実際には署名集めなんていう行動が市民から起こされるとは思ってもいなかったから、本当にびっくりしました。「立候補させるのは無理だとしても、せめて、ありがとうだけは伝えたい！」と訴える声を聞いていたら、泣けてきた。その気持ちに押される形で、出直し選挙の立候補を決めたのです。

財政の黒字化をしても市民は喜ばない

私は、市民から「明石の街は政策も変わったし風景も変わった。だけど一番変わったのは、みんなの気持ちや」と言われることが、なによりうれしい。市民の気持ちがやさしくなり、自分たちで明石をあたたかい街につくり変えてきた。その自負がある。だから明石市は強いのです。

しかし、単に「もっとやさしくなってね」とお願いしたところで、人がやさしくなるはずもありません。どうすれば街にやさしさをもたらせるのか。それこそが、私が明石市長として目標に据えていたことでした。つまり、人口増とか税収増を目標にして市政を行っていたわけではありません。明石に住む人たちを笑顔にして、安心を届けて街をやさしくすること。言葉にするとベタな感じですが、それこそが明石市長としての私の真の目標でした。

明石に住むみんなが幸せだと感じて初めて、人に対してもやさしくなれて、あたたかい街に変わることができる。そのためには、人が集まってくるような街になり、そこに住む人たちが誇りを持てる、経済がきちんと回っている持続可能な地域を実現する必要があった。だから、人口増も税収増も、あくまで本当の目標を達成するためのプロセスに過ぎないのです。

大体、そこに暮らす多くの市民にとって、市役所の税収が増えたとか、市の人口が増えたということが、そのまま個人の幸せの実感に結びつくはずがありません。税収が増えたんか、役所の人らは予算が増えてええなあ、とか、人口が増えたんか、車が渋滞してかなわんなあ、とか思うだけです。

実際、私は市長就任1年目で財政の黒字化を実現させましたが、誰も評価なんてしてくれなかったし注目もしてくれなかった。就任から3年後には人口もV字回復していきましたが、やっぱり誰も誉めてくれなかった。子育てしやすくなった、暮らしが楽になった、負担が減ったという実感が伴って初めて、「明石の街も変わったな」と気づき、そしてやさしい気持ちを持てるようになっていく。

つまり、「税収増」とか「人口増」などという目標を政治家が掲げる時点で、国民目線からズレているということです。

政権交代が「目的」ではない

人が人にやさしくなるには、商売をしている人は商売が儲かるようになり、子育てをしている人は子育てがしやすくなるようになること、病気になったり年を取ったりしても不安なく暮らせること、自分の居場所があるんだと安心できること。ステークホルダーそれぞれの実情やプライドに合わせて調整しながら、みんなの笑顔をつくっていくことが政治の目的だと思っています。

それは国政でも同じです。

明石市長を引退して、少しは楽になるかなあと思っていたのですが、今もありがたいことにあちこちから声がかかってきて、全国を飛び回っています。そのなかで、政治家と話をすることもしばしばありますが、残念な気持ちになることが少なくありません。

というのも、一人ひとりは信念を持ってやっておられるのですが、たとえば野党の政治家だと、「政権交代」が目的化してしまっている。だから、話していても「政権交代」ばかりに意識が向いてしまい、その先のところまで話が広がらない。

国民を救うことが目的なのであれば、国民を救うような政策を実現させるまで頑張ろう、となりますが、与党は政権維持、野党は政権交代が目的になってしまうと、その先の展望を共有することが難しくなってしまう。

私は、今、本気で救民内閣の構想を描いています。かなり真剣に、国民に冷たい政治から、国民を笑顔にする政治に変えるためにできることは何なのかと考え続けています。しがらみや利権の構造から自由になって、本気で国民の負担増の流れを止めたい。負担減の道筋を探りたい。

そのためには、選挙に勝って政権交代しただけでは意味がないのです。

私の「救民内閣」構想

衆議院で過半数である233の議席を取り政権交代を実現させて総理のポジションを得たとしても、できるのは負担増の政治をまずは一旦ストップさせることくらいです。そこから先、負担減へと具体的に方針を転換していくには、予算も通さなくてはなりませんし、法改正も進める必要があります。政権交代の実績をつくったうえで、「負担減に方針転換させる」という会派で一致して、再度233議席以上を取り、政策転換の道筋を明確にしていく。

衆議院で3分の2の議席を取れていない場合、参議院でも過半数を取らないと法案は通りません。参議院は任期が3年ずつズレて半分ずつの改選ですから、2025年と2028年、2回連続で参院選を勝つ必要がある。その間に、もう一度くらい衆院選があるでしょう。つまり、衆院選3回、参院選2回、合計5回の選挙を勝ち取るぐらいのことを目指していかなければ、救民内閣として実効性のある政策を実現させていくことは不可能だと私は考えています。

では、政権交代を成し遂げたとして、具体的にどのような政策を実現させていくのか。どうやって、時代の変化に即した形で国民全体の利害を調整させ、国民の負担を減らしつつ社会の持続可能性を高めていくのか。

現実問題として、私は社会システムを根本から設計し直す必要があると考えています。今の日本社会のシステム設計は150年以上前の明治維新の時の廃藩置県でつくられたもの。国・都道府県・市町村というこの3層構造は、明治維新の近代化の際には機能を果たしたと思います。全国一律の制度を導入し、ハード整備を全国で進めていく時代、人口が増加していく時代であればこそ機能を発揮する構造でした。

しかし今は、すでに全国一律でハードを整備していく時代ではありません。三層構造をやめて、国と広域連携した300くらいの市町村という二層構造に再編することで、コストを削減し、地域特性を活かしたスピード感のある政治が可能になるのではないかと考えています。もちろん財源と権限と責任を地方に移譲していくのが大前提です。権限と財源をセットにすることで責任も伴いますが、各地の特性に応じた自主自律的な地域運営が可能になる。私は今、かなり真面目に、そうした構想を描いています。

一方で政府は今、国の指示権を拡大するような地方自治法改正をしようとしていますが、これは真逆の発想です。こんな法改正を通したら、地域特性が失われて地方自治体のお上至上主義を加速させかねないと危惧しています。

時間がかかることが諦める理由にはならない

もちろん私は、自分の考える構想が絶対に正しいなんて思っているわけではありません。「泉の考える政権交代と政策転換のプロセスはここがおかしい！」「こんな道筋のほうが現実的だ！」という批判は大歓迎です。ただし、国民を幸せにする政治をいかに実現させるかという思いを共有したうえで、批判してほしいのです。

そんな理想を語ったところで、どうせ無理だよ、と真っ先に諦めているのは、もしかしたら政治家とマスコミかもしれません。マスコミは、誰が政権を取ったところでどうせ同じ、というような論調を繰り返して、社会に諦めムードを蔓延《まんえん》させているような気がして仕方がありません。国民世論は新しい政治を求めているのだから、実際に新しくつくり変えるために動き始めればいいのです。諦める必要などどこにもありません。

救民内閣を実現させるためには、具体的なスケジュールを描くことが重要です。どうやればその目標に辿り着けるのか、みんなで知恵を出し合いましょう。富士山だって登山ルートがいろいろあるわけです。究極的なことを言えば、ヘリコプターで登頂したって構わない。あらゆる可能性を排除せず、検討していきませんか。

私が示したスケジュールや構想が「性急すぎる」というならば、もう少しじっくり取り組むルートを一緒に考えましょう。時間がかかるからといって、それが諦める理由にはなりません。

明石の街をつくり変えたのは、明石に住む一人ひとりでした。冷たい日本をあたたかい日本につくり変えるのも、この国に住む一人ひとりです。崖っぷちの今だからこそ、一人ひとりの決意が社会を動かす原動力になります。

一緒に夜明けを見に行きましょう。

2024年6月

泉　房穂

泉 房穂

いずみ・ふさほ●1963年、兵庫県明石市生まれ。兵庫県立明石西高校、東京大学教育学部卒業。NHK、テレビ朝日でディレクターを務めたあと、石井紘基氏（2002年、衆議院議員在任中に刺殺される）の秘書を経て、1997年に弁護士資格を取得。2003年に民主党から出馬し衆議院議員に。2011年5月から2023年4月まで明石市長を務めた。18歳まで医療費無料など「5つの無料化」や養育費立替に代表される子ども施策のほか、障害者支援、高齢者福祉などにも注力し、市の人口、出生率、税収などを伸ばして「明石モデル」として注目される。社会福祉士の資格も取得している。

装丁／杉本欣右
本文デザイン＆DTP／ユニオンワークス
編集協力／大友麻子

カバー写真
撮影／タイコウクニヨシ
ヘアメイク／村上和久
スタイリング／鈴木和美（ルームズ）

さらば！ 忖度社会
崖っぷちニッポン改造論

2024年7月16日　第１刷発行

著　者　　泉 房穂
発行人　　関川 誠
発行所　　株式会社 宝島社
〒102－8388　東京都千代田区一番町25番地
電話（営業）03－3234－4621
（編集）03－3239－0927
https://tkj.jp
印刷・製本　中央精版印刷株式会社

Printed in Japan
ISBN 978-4-299-05434-0